DESCRIPTION NOUVELLE

De ce qu'il y a de plus remarquable

DANS LA VILLE DE

PARIS.

Par M. B.....

TOME SECOND.

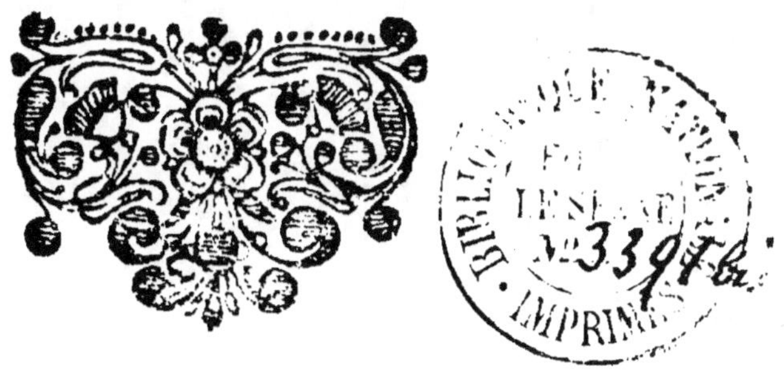

A LA HAYE,

Chez *Abraham Arondeus*, Marchand
Libraire 1685.

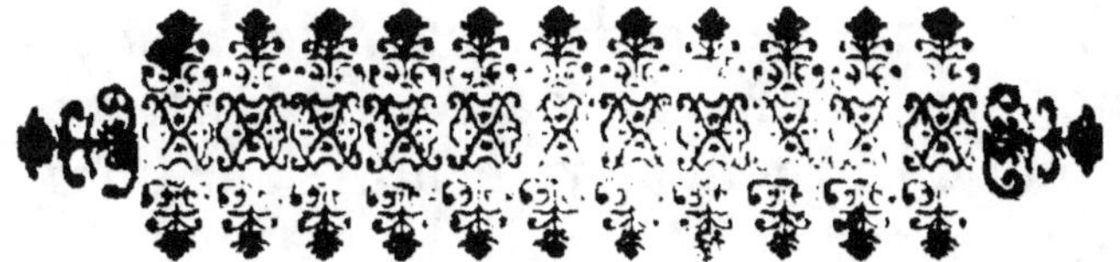

DESCRIPTION
NOUVELLE
De ce qu'il y a de plus remar-
quable
DANS LA VILLE
DE PARIS.
TOME SECOND.

LE QUARTIER DE
L'UNIVERSITE'.

E Quartier est un des plus anciens & des plus peuplez de Paris. Il occupe un tres grand espace, qui fait presque une quatriéme partie de toute la Ville. Philippe Auguste dans le temps qu'il alla en Palestine, contre les

Sar-

Sarrazins avec Richard Roi d'Angleterre,
donna ordre que pendant son Voiage, qui
dura un an, l'on enfermât tout ce Quartier
de murailles, dont on voit encore quelques
restes.

L'Université de Paris est si ancienne, que
Charlemagne, à ce qu'on tient, en est le
Fondateur. Cette opinion est fondée sur de
vieux Titres, que l'on conserve soigneusement, quoi qu'il y ait bien des Sçavans
qui soient d'un sentiment contraire, entre
autres Monsieur Joli, grand Chantre
de Nostre-Dame, qui l'a clairement prou-
vé dans son petit Traité des Ecoles Episco-
pales. Mais si l'on peut douter qu'elle ait
été fondée par ce grand Empereur, du
moins est-il tres-certain qu'elle a commencé à paroitre fort peu de temps aprés son
Regne, qui fut en France tres-heu-
reux pour les gens de Lettres, & pour les
Sçavans, que ce grand Prince favorisa en
tout ce qu'il put. Aussi en recompense ils
l'ont fait connoitre a la Posterité, non seulement comme le plus sçavant Empereur de
son siecle, mais encore comme le plus bra-
ve & le plus glorieux. L'Université cependant l'a retenu pour son Patron, & le jour
de sa Fête les Exercices cessent dans tous
les Colleges. On ne dira rien de son ancienne splendeur, non plus que du credit
& de l'autorité qu'elle avoit autrefois. On
sçait bien que la plûpart des grandes affaires

res se faisoient par son conseil, & que les
Rois ne dédaignoient pas de la consulter
dans les conjonctures pressantes, les Papes même ont déferé à ses sentimens, &
ont souvent brigué ses suffrages pour autoriser leurs Elections & pour être soûtenus
contre leurs Competiteurs. Monsieur Du-
boulay dans l'Histoire qu'il a faite, de
l'Université en trois Volumes *in folio*, fait
mention de plusieurs Illustres qui en sont
sortis. Elle a été si nombreuse & si remplie
d'Ecoliers, qu'on ne doit pas omettre ici
une chose surprenante qui arriva sous Charles VI. Ce Prince étant tombé en démence,
on resolut de faire des Prieres & des Processions publiques pour sa guerison : toutes les Compagnies & toutes les Commu-
nautez allerent à pié en Procession à sanit
Denis en France ; & le Parlement, comme
le premier Corps du Roïaume, commença
cette action de pieté. L'Université prit aussi
son jour pour y aller, & Juvenal des Ursins
raporte qu'on obligea tous les Ecoliers à
assister avec les Suppots & les membres qui
en dépendent. Il ajoûte qu'il s'y trouva un
si grand nombre de personnes, que le commencement de la Procession entroit dans
l'Eglise de saint Denis, lors que le Recteur
qui étoit le dernier, n'étoit pas encore
sorti de l'Eglise des Mathurins, où l'on
avoit marqué le *Rendez-vous*. Le nombre
des Ecoliers & des Colleges est beaucoup

di-

diminué. Autrefois on en pouvoit conter jusqu'à cent, à présent à peine en peut-on trouver trente, entre lesquels il y en a seulement neuf où l'on tient Exercices des basses Classes ; qui sont

Le College du Plessis.
Le College d'Harcourt.
Le College de Navarre.
Le College de Beauvais.
Le College du Cardinal le Moyne.
Le College de la Marche.
Le College de Lizieux.
Le College des Grassins.
Le College de Clermont, occupé par les Jesuites, dont on parlera en particulier.

Il est inutile de raporter ici les noms des autres où l'on n'enseigne pas, ils sont fort peu connus, & servent seulement de demeure à quelques Boursiers, qui y vivent des pensions que le College leur fournit tous les ans. L'Université avoit aussi sa Jurisdiction particuliere, & si quelques-uns de ses membres avoit commis quelques crimes, il n'étoit pas permis aux Juges publics de les condamner. L'on en voit un exemple dans un Epitaphe qui est dans le Cloître des Mathurins, de deux Ecoliers qui aïant fait quelques crimes dignes de mort, furent executez par Sentence du Pre-

Prevoſt de Paris. Mais l'Univerſité ſe trouvant bleſſée par cette Sentence, ſuſpendit
ſes exercices & obligea par ce moïen le Prevoſt de Paris à ramener les corps des deux
Ecoliers aux Mathurins, aprés les avoir
lui même détachez de la potence de
Montfaucon, où ils avoient été pendus,
& aprés les avoir baiſez à la joüe, quoi qu'-
il y eût plus de quatre mois qu'ils fuſſent
executez. Il y a pluſieurs exemples de cette
ſorte. Mais les choſes ont bien changé depuis ce temps-là, & à preſent, quoi
qu'elle ſoit encore remplie de perſonnes
tres-ſçavantes, ſon credit & ſon autorité
ſont fort diminuez, ſur tout depuis environ
le milieu du ſiecle paſſé, où elle a ſouffert
des dommages, dont elle aura de la peine
à ſe relever. Cependant cela n'empêche
pas que les ſciences n'y fleuriſſent plus qu'-
en aucun autre endroit de l'Europe, &
qu'elles n'y ſoient enſeignées avec beaucoup de ſuccés & de fruit. Elle eſt diviſée
en quatre Facultez, à la tête deſquelles eſt
le Recteur, que l'on élit tous les trois mois,
& que l'on éliſoit autrefois de ſix en ſix ſe-
maines; mais on a jugé que c'étoit aſſez
de quatre fois par an. Les quatre Facultez
ſont

LA THEOLOGIE,
LE DROIT,
LA MEDECINE,
LES ARTS.

On professe la Theologie seulement en Sorbonne & dans le College de Navarre. Pour le Droit, comme il est divisé en Droit Civil & en Droit Canon, il y a des Professeurs pour l'un & pour l'autre, dans un College qui est dans la Ruë saint Jean de Beauvais. Depuis deux ans le Roi a fondé une nouvelle Chaire pour le Droit François occupée par Monsieur de Launay, qui donne ses Leçons dans le College de Cambray, proche la Fontaine de saint Benoilt.

Il n'y a qu'un College pour LA MEDECINE dans la ruë de la Bucherie, où il y a un Amphitheatre, comme disent les Affiches de Medecine, dans lequel on fait souvent des Dissections sur des Cadavres humains.

Pour la Faculté DES ARTS qui est la derniere, elle est divisée en quatre Nations.

LA NATION DE FRANCE,
LA NATION DE PICARDIE,
LA NATION DE NORMANDIE,
LA NATION D'ALEMAGNE.

La derniere a été mise à la place de celle
d'Angleterre, qui en fut ôtée à cause des
cruelles Guerres que la France eut contre
les Anglois. Ces Nations font encore divi-
fées en plufieurs autres Provinces, qu'il feroit trop long de raporter.

Voilà en general ce que l'on peut dire de
l'Univerfité, de laquelle on poura encore
parler en décrivant les Lieux remarquables
qui y font.

On peut commencer ce Quartier par le
Quay De la Tournelle, enfuite on
paffera devant une maifon que feu Mon-
fieur Martin a fait bâtir, où *Madame de
Miramion*, fi connuë des perfonnes de
Pieté, a logé depuis huit ans une nouvelle
Communauté de Filles, qui vivent fous la
Regle de faint Auguftin, de la Congrega-
tion de fainte Geneviéve ; dont elle eft la
Fondatrice. Cette Maifon eft affez bien
bâtie & merite qu'on l'aille voir. Tout
proche eft

L'Hôtel de M. de Nemond, Pre-
fident à Mortier, où l'on verra d'affez
beaux meubles, & fur tout une Biblioteque
fort bien garnie, que cét illuftre Magiftrat
vifite fouvent. Delà on entrera dans

La rüe des Bernardins qui
eft à main gauche, où il y a des maifons
fort jolies, entre autres une où demeure
Monsieur du Vaurouy, où il
y a quelques Peintures du fiecle paffé, qui

font affez eftimées. Un peu plus avant on
entrera dans

LE COLLEGE DES BERNARDINS
qui fert à tout l'Ordre de Citeaux. Il eft
d'une ancienne fondation : mais ce qu'il
faut y remarquer , eft le grand deffein
qu'avoit le Pape Benoift XII. qui avoit été
Religieux de cét Ordre , & qui vouloit
rendre fon nom illuftre en bâtiffant ce College d'une magnificence furprenante ; les
murs qui devoient entourer tout l'efpace,
font d'une épaiffeur & d'une folidité mer-
veilleufe . & il femble que ce faint Pere eut
plûtôt deffein d'enclore une Citadelle ,
qu'un College de Religieux. Le Chapitre
eft parfaitement bien voûté , & fert à prefent de Claffe. Mais ce qu'il y a de plus beau
eft l'Edifice de l'Eglife , que l'on confidere comme une des plus belles Gotiques
qu'il y ait en France , dont les voutes font
d'une hauteur extraordinaire avec des Chapelles de chaque côté. Il eft vrai que de tout
ce grand Ouvrage il n'y en a qu'une partie de
faite, à caufe que ce faint Pere mourut un peu
trop tôt ; cependant fa derniere volonté
fut que l'on achevât ce qu'il avoit commencé , & même il laiffa des fonds pour cela :
mais l'argent ayant été volé en chemin
comme on l'apportoit en France , dans le
temps des troubles du Regne de Charles
VI. tout demeura imparfait comme on le
voit.

voit. A côté de la Sacriftie , il faut demander à voir un petit Efcalier à vis , fort curieufement imaginé , dans lequel deux
perfonnes peuvent monter & defcendre en
même temps , fans fe voir. Ce font deux
rampes en limaçon fur un feul noyau , me-
nagées l'une fur l'autre dans un même
vuide de figure ronde. Les Curieux qui ont
vû cette Piece l'ont admirée , parce qu'on
en voit fort peu de pareilles. Lors que le
General de Citeaux eft à Paris , il demeure
ordinairement dans cette Maifon.

Il faut obferver qu'il y a plufieurs Ordres
de Religieux qui ont le droit d'avoir des
Colleges dans l'Univerfité , & dont les
Religieux peuvent prendre les Degrez , &
fe faire paffer Docteurs ; mais il y en a
auffi d'autres qui ont negligé cét avantage,
ou à qui l'Univerfité ne l'a pas voulu ac-
corder pour des raifons particulieres qu'elle a eu.

En fortant des Bernardins à main gauche , on trouve

L'Eglise Saint Nicolas du
Chardonnet , nouvellement rebâ-
tie , d'un affez beau deffein. Elle eft ainfi
nommée à caufe qu'elle eft dans un lieu
autrefois tout plein de Chardons, que Meffieurs de faint Victor donnerent pour y bâtir une Paroiffe , dont ce Quartier avoit
befoin. L'Eglife n'eft pas encore achevée,
tout ce qu'il y a de curieux , eft une Cha-

                    pelle

pelle où Monsieur le Brun a fait commencer de travailler : l'on y voit de son dessein le Tombeau de sa mere ; executé en marbre par le sieur Baptiste, où il y a de tres belles figures.

Tout ce Quartier ne fournit rien de remarquable. Il faut aller delà aux Carmes, qui sont à l'entrée de la Montagne sainte Geneviéve, proche de la Place-Maubert, qui est un des plus grands Marchez de tout Paris.

LES CARMES DE LA PLACE-MAUBERT.

EN parlant des Celestins, on a dit que les Carmes y avoient été fondez par saint Loüis, qui les avoit amenez de la Palestine ; mais à cause de l'éloignement de l'Université & des débordemens de la Seine, ils furent obligez de venir se loger en cét endroit, sous le Regne de Philippe le Long, dont la Reine Jeanne sa femme leur laissa de grands biens par son Testament qu'elle fit en 1349. Entre autres choses, elle leur donna sa Couronne d'or, garnie de pierreries d'un prix considerable ; la Fleur de Lis aussi d'or qu'elle reçut le jour de son couronnement, sa Ceinture garnie de perles & toute sa vaisselle d'argent, avec la somme de quinze cens florins d'or, qui en ce temps-là montoient

fort

fort haut. Ils se servirent de toutes ces choses pour bâtir leur Eglise & leur Couvent,
qui n'ont rien du tout de beau. Il y a dans
leur Eglise une grande devotion à Nostre-
Dame du Mont-Carmel, où il vient un
grand nombre de personnes devotes à la
sainte Vierge, pour gagner des Indulgences
sur tout le second Dimanche de chaque
mois. Depuis quelque temps ils ont rebâ-
ti leur grand Autel d'un dessein fort singulier; il est soûtenu de colonnes de pierres
de Taille, qui sont peintes en marbre, qui
fout un assez bel effet.

Sur la Montagne sainte Geneviéve, par
où l'on doit passer pour aller à l'Abbaïe de
ce nom, on passera devant

LE COLLEGE DE NAVARRE,
le plus beau & le plus spatieux de tout Paris, fondé par la Reine Jeanne de Navarre,
femme de Philippe le Bel, comme il paroit
par les Inscriptions que voici, qui sont sous
la Statuë de ce Roi, & sous celle de cette
Reine, aux côtez de la grande Porte.

PHILIPPUS PULCHER CHRISTIANISSIMUS
HUJUS DOMUS FUNDATOR.

Sous celle de la Reine.

JOANNA FRANCIÆ ET NAVARRÆ
REGINA

CAM-

Campaniæ Briæque Comes
Palatina
Has Ædes Fundavit 1304.

Au milieu sont encore ces deux Vers.

Dextra petens , lex aqua , fides , tria lilia
  Regum
Francorum , Christo Principe , ad astra fe-
  runt.

Autrefois ce College estoit le plus celebre de toute l'Université. On y mettoit en
pension des Enfans des plus grands Seigneurs du Roiaume ; & afin que le commerce de Ecoliers Externes ne les dissipât
point , on n'en recevoit aucun qui ne fût
Pensionnaire : mais cela est changé à present , & on y tient exercice publique indifferemment pour toute sorte d'Ecoliers.
La Theologie y est enseignée , comme l'on
a dit , & quatre Professeurs sont gagez pour
donner Leçon, deux le matin & deux l'a-
prés-midi.

Monsieur l'Archevêque d'Auch est Pro-
viseur de ce College. L'on y conserve une
Biblioteque qui êtoit autrefois en grande
reputation avant l'usage de l'impression ;
qui a été donnée par la Reine Jeanne de
Navarre. Elle contient quelques Manuscrits
assez curieux. Ce College a plus fourni qu'-
aucun autre , des personnes illustres dans

les

les Lettres, dont le premier eſt Pierre d'Ail-
ly, Cardinal du Titre de ſaint Chriſogon
Archevêque de Cambrai, qui y fit de grands
biens, comme on le voit par une Inſcription dans la Chapelle. Il eſt enterré à Cambrai. Au milieu de la même Chapelle, eſt
la Tombe de l'illuſtre Thomas de Clamen-
gis, celebre Docteur en Theologie, avec
cette Inſcription.

Qui Lampas fuit Ecleſia, ſub Lampade ja-
cet.

Jean Textor y eſt enterré. Les autres ſont
Gerſon, *Joannes Major*, *Almainus de Ca-*
ſtro Forti, *Papillon*, *Gelin*, *de Villers*, &
Pelletier, le dernier êtoit grand Maitre de
ce College & ſe trouva au Concile de Trente. Depuis peu on y a vû Monſieur de Lau-
noy, celebre Critique, qui a compoſé
pluſieurs Volumes ſur l'Hiſtoire Eccleſia-
ſtique, & qui a peut être été celui dés ce
ſiecle-ci, qui a le mieux entendu les Anna-
les de l'Egliſe, comme il paroit par ſes Ouvrages, qui ſont fort recherchez des Sçavans. Il a auſſi fait l'Hiſtoire de ce College.

Il faut ſçavoir que tout ce Quartier êtoit
autrefois nommé *Mons Locutitius*, ſans
que l'on en puiſſe ſçavoir certainement la
raiſon. Au plus haut de la Montagne, où
ce College eſt ſitué, eſt l'Abbaïe de ſain-

te Geneviéve , & tout proche
L'Eglise S. Estienne du Mont,
qui eft une Paroiffe. Elle eft d'une fi ancienne fondation , qu'on ne fçait pas certainement en quel temps elle a commencé
d'être édifiée. Le bâtiment, comme on
le voit à prefent, fut entrepris fous le Regne de François premier , & aprés avoir été
long-temps imparfait, il ne fut achevé que
fous Henri IV. que la Reine Marguerite de
Valois , fa premiere femme , donna une
fomme d'argent pour faire le Portail où elle mit la premiere pierre en 1610. le 12.
Aouft ; ce Portail eft affez curieufement
travaillé , & on y a prodigué une quantité
de Sculptures , qui feroient un bien plus
bel effet , fi elles avoient été ménagées
avec plus de foin. Le dedans de cette Eglife
eft fort propre & fort éclairé. Les Voûtes
font élevées & tres-bien entenduës. Il y
a des Arcades entre les Piliers , qui fupor-
tent des Galeries de communication , qui
tournent autour de chaque Pilier, avec beaucoup d'artifice. La Tribune fur la porte
du Chœur , eft tres-hardie auffi bien que
les petits Efcaliers pour y monter , qui fer-
pentent autour des gros Piliers de la croifée.
La Chapelle de la fainte Vierge , derriere
le grand Autel , eft auffi affez bien bâtie.

Mais ce que les Curieux doivent obferver plus foigneufement , eft la Chaire du
Predicateur , qui eft d'une excellente me-
nuife-

nuiserie, ornée de Sculptures & de bas-reliefs, d'un dessein & d'une execution mer-
veilleuse. Une Statuë de Samson soûtient
tout le corps de l'ouvrage, autour duquel
sont de petites figures des Vertus Chrêtiennes assises. Sur le Dais il y a un grand Ange
qui tient deux Trompettes. Ces choses sont
parfaitement bien dessinées, & cette Chaire est sans contredit la plus belle de Paris.
Il est bon de sçavoir que Monsieur Pascal,
un des plus beaux Esprits que la France ait
eu, Auteur du Livre incomparable des
Pensées sur la Religion, & de quelques autres de cette beauté & de cette doctrine, est
enterré dans cette Eglise. Le Sueur Peintre
fameux, dont on a déja parlé plusieurs fois,
y est aussi inhumé.

Delà on peut entrer dans l'Eglise de sainte Geneviéve, par une porte de communication, derriere la Chaire du Predicateur;
mais ce n'est pas le chemin que l'on prend
ordinairement: il faut entrer par la grande
Porte, qui est dans la place devant l'E-
glise.

SAINTE GENEVIE'VE DU MONT.

AVant que de décrire les curiositez
qui sont dans cette Maison, il
faut dire quelque chose de sa fondation.

CLOVIS, comme l'on croit, en est
le

le premier Fondateur , qui la dedia à saint
Pierre & à saint Paul , dont elle a long-
temps porté le nom. Il y mit des Chanoines Seculiers , qui y demeurerent jusques
sous le Regne de Loüis le Jeune, dans le XI.
siecle , qui les contraignit de prendre la
Regle de saint Augustin , & de vivre en
communauté , à cause de la vie déreglée
qu'ils menoient. On fit venir de saint Victor des personnes pour établir cette nouvelle Reforme ; & Monsieur de Mezerai
raconte ce qui obligea ce Roi à en agir
ainsi : il dit que de temps immemorial il y
avoit des Chanoines Seculiers dans cette
Maison , qui avoient été affranchis de la
visite de l'Evêque , à la solicitation du Roi
Robert le Religieux , pour être soûmis
immediatement au saint Siege : mais qu'il
arriva que le Pape Eugene IV. s'étant venu
refugier en France , & étant logé dans
leur Maison ; il survint une dispute entre
les Chanoines & les Officiers du saint Pere,
sur ce que ces premiers vouloient emporter
un Tapis en broderie , dont le Roi avoit
fait present à sa Sainteté , pour couvrir son
Prié-dieu , pretendant qu'il devoit demeurer à l'Eglise. La dispu e s'échauffant , des
paroles ils en vinrent aux mains , & les
Chanoines étant les plus forts, chargerent
si vivement les Officiers du Pape , qu'il y
en eut de tuez : le Roi même étant venu
pour appaiser le tumulte, pensa être blessé

dans

dans la mêlée ; de forte que pour punir les Chanoines de leur infolence, le Roi convint avec le faint Pere de les chaffer de cette Maifon ; & on donna la charge de la reforme à Suger Abbé de faint Denis, qui tira douze Chanoines Reguliers de faint Victor, pour les mettre dans cette Maifon à la place des autres. De cette maniere ce Chapitre fut changé en Abbaïe, dont le premier Abbé fe nomma O d o. Depuis ce temps-là, la Regle de faint Auguftin s'y eft toûjours confervée dans toute fa pureté, & cette Maifon eft devenuë la premiere de toute la Congregation en France ; dont l'Abbé eft le Chef de tout l'Ordre, avec les quatre Affiftans. Autrefois elle avoit une Jurifdiction particuliere auffi bien que faint Germain des Prez ; mais comme cela caufoit beaucoup de défordre & de confufion, on les a réünies toutes au Corps du Châtelet. Plufieurs Rois ont fait du bien à cette Maifon : mais celui qui en a fait le plus a été Robert, qui avoit fait bâtir le vieux Cloitre, que l'on a abatu fous François premier, qui enfermoit dix-fept arpens de terre. Cette Abbaïe a été fouvent ruinée par les Normans & par les Danois, lorfqu'elle étoit hors la Ville, mais la devotion que les Parifiens avoient pour fainte Geneviéve, qu'ils ont prife pour leur Patrone, faifoit que les ruines que ces Barbares avoient caufées, étoient

re-

reparées fort peu de temps aprés. Le Corps
de sainte Geneviéve est dans la Chasse que
l'on voit derriere le grand Autel ; qui est
soûtenuë sur quatre colonnes Ioniques,
d'un marbre extraordinaire. Elle est de
vermeil doré, enrichie de pierreries d'un
tres-grand prix. Le Pere du Breüil qui a
fait un Volume des Antiquitez de Paris,
dit que ce fut des liberalitez de plusieurs
personnes de pieté, qu'elle a été faite, &
que l'Orfévre y emploïa cent quatre-
vints-treize Marcs d'argent, & huit
Marcs & demi d'or pour la dorer. La Reine-Mere deffunte, dont la pieté paroîtra long-temps en divers endroits de Paris,
l'a enrichie d'un Bouquet de pierres precieuses d'un prix considerable. Il y a autour
des Lampes d'argent & diverses figures de
même matiere, qui font autant de Vœux
que l'on a fait à cette Sainte.

Tout ce qu'il y a de plus curieux dans
cette Eglise, est le Tombeau de Clovis,
premier Roi Chrêtien, qui est au milieu
du Chœur, & sa figure couchée que l'on
voit dessus, est la même qui a été faite
pour lui aprés sa mort. Depuis quelques
années on l'a élevée de deux piez & demi,
pour y placer une Inscription que voici.

CLODOVÆO MAGNO

REGUM FRANCORUM PRIMO CHRISTIANO
HUJUS BASILICAE FUNDATOR.

SEPULCHRUM VULGARI OLIM LAPIDE
STRUCTUM,

ET LONGO AEVO DEFORMATUM:
ABBAS ET CONVENT. MELIORI OPERE
CULTU ET FORMA RENOVAVERUNT.

Le Sceptre qu'il tient , & la Couronue
qu'il a fur la tête , paroiffent avoir été
ajoûtez . & les Antiquaires ne douteroient
plus de l'antiquité des Fleurs de-Lis , s'ils
pouvoient croire , que la couronne qui eft
fur la tête de ce Roi fût de fon temps : mais
les Fleurs-de Lis en font trop bien formées,
& elle n'ont point du tout l'air d'antiques.
L'Autel eft ifolé, c'eft à dire , que l'on peut
tourner tout autour. Le petit Tabernacle
eft une tres-belle chofe. Il eft de marbre
blanc , en forme de Dôme octogone , avec
quatre portiques foûtenus fur de petites
colonnes Corinthiennes , de marbre de Si-
cile , dont les Chapiteaux font de bronze
doré à feu , tres bien cizelez & des figures
d'Anges fur les piez-d'eftaux , avec d'autres ornemens de même. Le corps de ce
Tabernacle eft raporté de diverfes pierreries

ries comme de Lapis , d'Agate , & de
femblables. Tout l'ouvrage eft foûtenu
fur un pié en cul de Lampe , d'un marbre
bleu tres-rare. De chaque côté il y a deux
Statuës de faint Pierre & de faint Paul , de
faint Denis & de faint Auguftin , qui font
d'une matiere fort differente du marbre , à
caufe de fa legereté , & qui cependant en
imite parfaitement bien la blancheur.

Dans la Nef il y a quelques Chapelles
qui font affez belles ornées de colonnes de
marbre. La porte du Chœur fur laquelle
eft le Jubé eft de même , avec des bas-reliefs fur l'Attique. Les Orgues font tres-
beaux , & la menuiferie en eft parfaitement bien travaillée. Les Tombeaux les
plus confiderables , aprés celui de Clovis,
dont on a parlé , font celui de Clotilde fa
femme , que l'on revere comme une Sainte , à caufe qu'elle a été la principale caufe de la converfion de fon mari , comme le
raporte Gregoire de Tours. Elle eft enterrée affez proche des marches du grand Autel. Dans une Chapelle à côté de la Sacriftie eft le Maufolée du Cardinal de la Ro-
chefoucault, dont on voit la figure à genou , en marbre blanc fur une grande urne
de marbre noir , & fur le devant les Armes
de l'Abbaïe de fainte Ceneviéve dont il eft
mort Abbé C'eft une piece des mieux travaillées que l'on puiffe voir.

Dans la Nef les Etrangers , & generalement

ment tous ceux qui ont quelque refpect ou
quelques fentimens d'eftime pour les
grands Hommes , feront ravis de lire
l'Epitaphe du fameux RENE' DESCARTES,
un des plus fçavans & des plus illuftres
Philofophes de ces derniers fiecles , que
voici.

RENATUS DESCARTES,

Vir fupra titulos omnium retro Philofopho-
    rum ,
Nobilis genere , Armoricus gente , Turonicus
    origine ;
        In Gallia , Flexiæ ftuduit :
        In Pannonia , miles meruit ,
        In Batavia , Philofophus delituit ;
        In Suecia , vocatus occubuit.
        Tanti viri preciofas reliquias
Galliarum percelebris tunc Legatus , PETRUS
    CHANUT ,
CHRISTINAE *, fapientiffima Regina, fapientum*
    amatrici
    Invidere non potuit , nec vindicare pa-
    triæ ;
    Sed quibus licuit cumulatas honori-
    bus.
    Peregrinas terræ mandavit invitus ;
Anno Domini 1650. *menfe Feb.* 10. *ætatis*
    54.
    Tandem, poft feptem & decem annos,

                                  In

In gratiam Christianissimi Regis
LUDOVICI DECIMI QUARTI:
Virorum insignium cultoris , & remunera-
toris ,
     Procurante PETRO DALIBERT,
     Sepulchri pio & amico violatore ,
          Patriæ reddita sunt.
     Et in isto urbis & Artium culmine posi-
     ta ;
Ut qui vivus apud exteros otium & famam
     quæsierat ,
     Mortuus apud suos cum laude quiesce-
     ret ,
Suis & exteris in exemplum & documentum
     futurus.

     I NUNC VIATOR.

Et divinitatis , immortalitatisque animæ ,
     Maximum & clarum assertorem ,
Aut jam crede felicem , aut precibus red-
     de.

Dans la Cave de cette Eglise , on verra
le Tombeau de sainte Geneviéve , où il ne
reste plus rien du Corps de cette Sainte ,
qui est tout entier dans la Chasse jusques
aux planches de sa biere. Ce tombeau est
de marbre & sans aucun ornement. A un
des bouts sur un Autel qui est entre deux
Piliers, il y a une Croix garnie de quelques
                              Aga-

Agates avec un *Ecce Homo* au pié , d'une
feule piece de corail tres-bien travaillée.
Ces chofes viennent du Cabinet du R. P.
du Molinet qui en a fait prefent ; il y a encore deux autres Tombeaux tres-anciens ,
de deux Evêques de Paris , qui font morts
en odeur de fainteté , & que l'on invoque
même pour quelques maladies particulieres.

En fortant de ce lieu , on poura aller à la
Sacriftie que l'on trouvera tres-bien garnie
d'ornemens de diverfes couleurs , qui font
tres-riches , & d'un grand nombre de pieces d'argenterie. Il n'eft pas d'endroit dans
le Roïaume & peut-être dans l'Europe,où
l'Office Divin fe celebre avec plus de devotion & plus de majefté que dans cette Eglife. Tous les Religieux font d'une regularité tres grande , & on eft édifié de les voir
dans les ceremonies de l'Eglife.

Dans l'interieur de la Maifon il y a beaucoup de belles chofes ; particulierement en
Architecture depuis dix ans , on y a fait des
reparations confiderables , la grande Porte étoit tres incommode , & l'on en a bâti
une autre à la place en maniere de double
portique , foûtenu fur des colonnes Doriques , d'une proportion tres-reguliere , a-
vec deux Pavillons quarrez aux extremitez.
Vis-à-vis cette porte il y a une Fontaine au
pié d'une figure de fainte Geneviéve dans
une maniere de niche , ou d'arcade ornée

de deux colonnes Ioniques. Ènsuite on entre dans le Cloitre ; ou plutôt sous une espece de Portique, soûtenu des deux côtez de colonnes Doriques, comme celles de la premiere entrée, mais qui sont d'une bien plus belle ordonnance. Au bout de ce Portique, long environ de trente pas, on trouve le grand Escalier qui conduit aux Dortoirs, au fond duquel est une figure de la sainte Vierge, qui tient l'Enfant Jesus entre ses bras, elle est d'une tres belle maniere, comme on le remarquera facilement. Les Dortoirs n'ont rien de magnifique : on a eu soin seulement d'y faire paroitre par tout beaucoup de propreté, aussi bien que dans les Salles basses, où sont plusieurs Tableaux des anciens Abbez de cette Maison. Le Jardin est fort agreable, même il est le plus grand de tous ceux qui se trouvent dans l'enceinte des anciens murs de Paris. A côté du Portique, dont on vient de parler, on peut entrer dans une Chapelle dediée à la sainte Vierge, autour de laquelle on a mis des Tableaux de devotion qui sont assez bien peints. Au milieu est un Tombeau élevé d'un pié, sur lequel la figure en bronze d'un ancien Evêque, revétu de ses habits Pontificaux est couchée : aprés ces choses, on doit aller à l'Apotiquairie qui est extraordinairement propre, & où il y a de tres belles curiositez pour ceux qui se connoissent en ces sortes de choses.   Delà

Delà il faut monter à la Biblioteque que
l'on estime à present comme une des plus
belles & des mieux disposées de Paris ; elle
occupe le dessus d'une des quatre grandes
aîles qui forment tout le bâtiment ; elle
est, à la verité, un peu élevée pour la situation, mais en recompense elle n'en est
que plus claire : on y verra une tres grande
quantité de Livres, rangez dans des armoires d'une tres-belle menuiserie, avec
des Busts de tous les grands Hommes de
l'Antiquité, modelez sur ceux qui sont à
Versailles. C'est le R. Pere du Molinet,
un des plus sçavans & un des plus habiles
hommes que nous aïons aujourd'hui, dans
la connoissance des Livres & dans la belle
recherche de l'Antiquité, qui en prend le
soin. On y conserve une quantité d'Estampes, dont une partie vient d'un nommé
M. Hacart, qui en étoit tres-curieux, qui
en mourant laissa tout ce qu'il avoit amassé
à saint Victor, à saint Germain des Prez,
& à sainte Geneviéve, mais il y en beaucoup d'autres, qui sont des plus rares &
des mieux conservées.

Au bout on entrera dans le Cabinet de
ce Pere, qui est extraordinairement rempli de curiositez ; on y en trouvera de toutes les sortes, mais principalement en Médailles, d'or, d'argent, de grand & petit
bronze, tres-biens choisies, entre lesquelles
il y en a de fort rares. On doit conside-

ſer cette ſuite, que ce Pere a faite lui-même, comme la plus complete, & la plus
ample qui ſoit en France, aprés celle du
Cabinet du Roi. Entre pluſieurs choſes ſin-
gulieres dans une petite armoire, on verra des couteaux ſacrez, dont les Anciens ſe
ſervoient à égorger les Victimes, une pa-
tere ſur laquelle ils détrempoient la farine
avec l'huile & le vin pour froter les bêtes
que l'on immoloit, des Sphinx ou des Ido-
les que l'on trouve dans les Momies; des
Clefs antiques, des Stiles dont les Romains ſe ſervoient pour écrire, une table
de cuivre, ſur laquelle ſont attachées de
petites boules de même métail, que l'on
place comme on veut & dont on ſe ſervoit
pour l'Arithmetique, pluſieurs ſortes de
lacrymatoires ou de fioles de verre, dans
leſquelles les Anciens conſervoient les lar-
mes des Pleureuſes que l'on loüoit exprés
pour aſſiſter aux funerailles, avec des petites cuillieres de cuivre, qui leur ſervoient
à les ramaſſer ſur des tabliers de cuir,
qu'elles avoient devant elles exprés pour
ce ſujet. Dans une autre petite armoire à
main droite ſont toutes ſortes de meſures
pour les choſes liquides & des poids pour
peſer les marchandiſes ſelon l'uſage des
Anciens. Dans une autre il conſerve tous
les Poinçons du Parmezan, avec leſquels
ce fameux Graveur contrefaiſoit ſi bien les
Médailles antiques, que les plus ſçavans
dans

dans cette science y étoient trompez , &
prenoient les Médailles faites par cét habile Ouvrier , pour veritables , & frapées du
temps de ceux qu'elles representent. C'eſt
peut-être une des plus curieuſes choſes que
l'on puiſſe deſirer , & ceux qui ſe connoiſ-
ſent en Médailles l'eſtiment beaucoup.
Avec cela on poura remarquer pluſieurs
pieces d'optique de l'invention du Pere
Niſeron Minime , dont on a parlé ; le pié
d'une petite Momie tres-bien conſervé ;
quelques poiſſons extraordinaires : mais
une autre rareté , qui dans les ſiecles paſſez
auroit été eſtimée un treſor tout entier, eſt
une grande corne de Licorne , blanche
comme de l'yvoire , haute de cinq ou ſix
piez , & d'une groſſeur tres conſiderable,
qui n'eſt pas moins belle que celle du Treſor de ſaint Denis , pour laquelle on dit
que la Republique de Veniſe envoya offrir
autrefois la ſomme de cent mille écus pour
en faire preſent à un Roi de Perſe. Dans
un autre petit Cabinet il y a de toutes ſortes de Pierreries , de coquilles , de pierres
de mines tres-rares & d'autres choſes ſem-
blables. Vis à vis la porte en entrant ſont
differens habits de plumes de Peroquet &
d'autres Oiſeaux travaillez avec beaucoup
d'artifice , qui viennent de l'Amerique.
Une cuiraſſe & un corſelet du Japon , d'une
eſpece de Vernix & d'une forme particuliere ; un Bouclier de ſoïe apparemment du

 même

même Païs ; & ce qu'on ne trouve guere
ailleurs , un grand nombre de fouliers de
prefque toutes les Nations du Levant , qui
font fort differens des nôtres Il y a une
chaîne d'un bois tres-leger & fort longue ,
d'une feule piece ; des petrifications tres-
curieufes & une pierre compofée de diverfes pieces , de telle façon qu'on ne peut juger fi elle eft un ouvrage de l'Art ou de la
Nature ; il y a beaucoup d'autres fingula-
ritez à remarquer , comme une mâchoire
de poiffon , d'une grandeur extraordinaire , qui a plufieurs rangs de dents aiguës ;
quelques Tableaux affez bons & diverfes
autres chofes rares fort bien choifies. Ce
Reverend Pere ne fe connoît pas feulement
en ces fortes de chofes , on voit plufieurs
Pieces fçavantes de lui ; comme une defen-
ce de Thomas à Kempis ; un difcours fur
la tête de bronze , que l'on a trouvée chez
Monfieur Berrier ; l'Hiftoire des Papes par
leurs Médailles , les ouvrages d'Etienne
de Tournay , augmentez tres confiderablement de diverfes Piéces , qui n'avoient
point encore paru , avec un fçavant Com-
mentaire qui éclaircit bien des chofes , que
l'on auroit de la peine à entendre fans fon
fecours , & enfin l'Hiftoire des Lettres
Romaines établie & juftifiée par plufieurs
belles antiquitez qu'il donna l'année
1684. Il y a eu beaucoup d'habiles gens
dans cette Abbaïe , mais entre autres le
Pere

Pere Lalleman , qui vivoit il n'y a pas long-temps , & qui s'êtoit aquis beaucoup de reputation par les Livres de devotion qu'il a compoſez ; à ſçavoir, *La mort des Juſtes, & les ſaints Deſirs de la Mort*, dont la lecture eſt tres touchante ; le R.P. de Creil, qui vit encore , paſſe pour un des plus ſçavans en Architecture , & les deſſeins qu'il a donnés , ont été ſuivis avec ſuccés : entre autres ceux des nouveaux embelliſſemens de cette Maiſon.

Dans tout ce quartier il n'y a rien de curieux , étant preſque tout rempli de Colleges , qui ſont de vieilles maiſons fort mal bâties.

LE COLLEGE DE MONTAIGU, ou DES CAPETS , eſt fort proche. Le Chapitre de Noſtre-Dame & les Peres Chartreux en ſont les Adminiſtrateurs. Autrefois on y entretenoit de pauvres Ecoliers, qui êtoient obligez de vivre ſous une diſcipline tres-rigoureuſe , mais à preſent elle eſt changée. Il eſt bon de ſçavoir que le fameux ERASME DE ROTERDAM y a demeuré quelque temps.

De ce Quartier on doit aller dans la ruë ſaint Jacques , qui commence au petit Châtelet au bout du petit Pont.

LE PETIT CHATELET.

C'Est une maniere de Forteresse antique, composée d'une grosse masse de bâtimens ouverte au milieu, qui servoit autrefois de porte à la Ville aussi bien que le grand Châtelet, du temps que Paris n'avoit que l'étenduë de l'Isle du Palais. Ce bâtiment a été reparé par le Roi Robert, sous qui la France joüit d'une paix de quarante deux ans, pendant laquelle ce bon Prince eut le temps d'amasser de fort grands tresors, qu'il renferma dans cette Forteresse, nonobstant les grandes largesses qu'il fit aux Eglises, & les grandes charitez dont il secourut les Pauvres. Quelques Antiquaires veulent qu'il ne soit pas si ancien, & disent qu'il a été élevé par Aubriot, Prevôt de Paris, celui-là même qui avoit fait construire la Bastille ; & que c'étoit pour reprimer l'insolence des Ecoliers de l'Université, qui venoient souvent faire des courses sur les Bourgeois, & qui causoient de tres-grands désordres.

L A

LA RUE SAINT

JAQUES.

CEtte ruë eſt preſque toute occupée par des Libraires, à cauſe de la proximité de l'Univerſité ; la premiere choſe que l'on y trouvera, eſt

L'Eglise de Saint Severin, qui eſt fort ancienne. On le juge ainſi, parce que le Patron en eſt lui-même le Fondateur, qui vivoit ſous le grand Clovis, qui le fit venir de Savoïe, où il étoit ſolitaire, pour le guerir d'une fiévre mortelle dont il étoit attaqué, & dont il fut delivré par ſes prieres. Pendant le ſejour qu'il fit à Paris, il demeura en cét endroit, qui pour lors étoit une ſolitude, où il y avoit déja une petite Chapelle dans un bois, dediée à Saint Clement ; où aprés avoir reſté quelque temps, il prit reſolution de s'en retourner à ſa premiere demeure ; mais en paſſant par Château-Landon, petite Ville du Gatinois, où il y avoit deux Prêtres qui vivoient en odeur de ſainteté, il s'y arrêta, & enfin il y mourut deux ans aprés.

B 5   Chil-

Childebert lui fit bâtir une Eglise dans le même lieu, qui est à present une Abbaïe de l'Ordre de saint Augustin, de la Congregation de sainte Geneviéve. L'on ne sçait pas en quel temps l'Eglise de cette Paroisse a été bâtie: mais selon les apparences il n'y a pas plus de deux cens ans. L'on n'y verra rien de curieux, à cause que ce n'est qu'une gottique, qui n'est pas des plus regulieres; & qui est fort obscure en certains endroits. Il y a fort peu de temps que le grand Autel est achevé. Il est composé de huit petites colonnes de marbre, disposées sur un demi Cercle, qui soûtiennent un Dôme coupé par la moitié, avec quelques ornemens de bronze doré, qui font un fort bel effet; il est de M. le Brun. Dans le Cimetiere, à côté de l'Eglise est un Tombeau élevé, sur lequel est la figure à demi couchée d'un jeune Seigneur de la Frise Orientale, qui mourut étant Ecolier de l'Université: il se nommoit d'Embda. Voici les deux Epitaphes qui y sont. Il a été bâti par les soins de sa mere, qui fut extraordinairement touchée de sa mort, parce qu'il étoit fils unique, & présomptif heritier de la Principauté de Frise.

Nobilitate generis Comitum Orientalis Phrisiæ & animi corporisque dotibus præclaro, D. Ennoni de Embda, civitatis Embdensis Præposito, ac electo Satrapa, propter certam

hujus

*hujus corporis resurrecturi spem, ac in amoris
sinceri testimonium, avia, materque pia uni-
co suo filio, qui hic ex studiorum cursu patriæ
ac amicis omnibus magno cum luctu, anno
ætatis suæ* XXIII. *morte præreptus est, hoc
monumentum statuerunt.*

ANNO DOMINI 1545. 18. JUEII.
De l'autre côté sont encore ces Vers.

*Quid fuerint nostra, hæc recubans common-
     strat imago.
   Quid sim, quam teneo, putrida calva
     docet.
Peccati hanc pœnam nobis ingenuere paren-
     tes,
   Cujus sed Christus. solvere   vincla ve-
     nit.
Hunc mihi viventi spes, qui fuit & mo-
     rienti,
   Æternum corpus, quale habet ille, da-
     bit.
Peccati, fidei, Christique hinc perspice vi-
     res,
   Ut te mortifices, vivificetque Deus.*

De l'autre côté de la Ruë saint Jacques,
à l'entrée de la ruë Galande qui y vient
aboutir, il y a une fort ancienne Eglise
nommée
SAINT JULIEN LE PAUVRE, qui
sans doute étoit autrefois un Hôpital.

Gregoire de Tours en parle au Livre 9.
Chap. 9. de ses Oeuvres ; & dit que venant
à Paris pour quelques affaires particulieres , il logea en cét endroit , dans le même temps qu'on prit un Fourbe insigne ,
qui se vantoit d'avoir apporté d'Espagne des
Reliques precieuses ; entre autres , de saint
Vincent & de saint Felix , avec lesquelles
il vouloit sans doute abuser de la bonne foi
des Parisiens. Mais quand on vint à examiner ses pretenduës Reliques , on ne
trouva dans son sac que des racines de diverses plantes , des dents de Taupes , des
os de Souris , de la graisse & des ongles
d'Ours. Comme on apprehendoit que
toutes ces choses ne lui servisent à faire la
Magie , on les jetta dans la Riviere. Ce
fourbe fut mis dans une étroite prison , où
il fut chargé de chaînes , selon la coûtume
de ce temps-là. Ces choses arriverent sous
le Regne de Chilperic , qui fut mal-heu-
reusement tué en entrant dans son Palais à
Chelles , comme il revenoit de la Chasse ,
vers l'année 584.

En avançant plus avant est
L'EGLISE DE SAINT YVES , bâtie
en 1347. par les soins d'une celebre Con-
frerie de Bretons , qui étoit pour lors à
Paris , & qui y faisoit faire le service Divin
tous les jours par des Ecclesiastiques gagez.
A côté de cette Chapelle est
LA RUE DES NOIERS, que l'on a élar-
gie.

gie depuis peu ; ce qui la rend plus commode qu'elle n'étoit auparavant.

LES MATHURINS.

LE Couvent de ces Peres est un peu
plus haut, de l'autre côté de la ruë.
Saint Loüis en est le Fondateur. Ils
sont de l'Ordre de la sainte Trinité de la
Redemption des Captifs ; & leur principal
Institut est d'aller en Barbarie, racheter
des Esclaves Chrêtiens des mains des Infi-
deles, & de leur procurer la liberté. De
temps en temps ils y font des Voïages par
le secours des personnes pieuses, qui con-
tribuent aux dépences qu'ils font obligez
de faire, & il n'y a pas long-temps qu'ils
en ont ramené un bon nombre que l'on a
vû ici avec beaucoup d'édification. Leur
Eglise est fort claire, quoi qu'elle ne soit
pas d'un dessein moderne. Elle a été bâtie
comme on la voit par les soins de RO-
BERT GAGUIN, Ministre & General
de tout l'Ordre, qui étoit un Illustre de
son temps, & qui a composé plusieurs
Livres, entre autres *l'Histoire de Loüis XII.*
On croit pourtant que cette Eglise étoit
déja commencée avant lui, & que c'est par
ses soins qu'elle a été achevée. Il est enterré au milieu du Chœur : autrefois on y
voïoit son Epitaphe, mais comme cette
Eglise a été rehaussée, il n'est plus dans le
même endroit. Le voici.   Il-

Illuſtris Gallo nituit qui ſplendor in orbe
  Hic ſua Robertus membra Gaguinus ha-
    bet.
Si tanto non ſava viro Libitina pepercit,
  Quid ſperet docti cætera turba chori?

ANNO A NATALI CHRISTI MILLE-SIMO QUINGENTESIMO PRIMO, VIGESIMA SECUNDA MAII.

Dans le Cloitre il y a auſſi quelques Tombeaux, entre autres celui de SACRO-BOSCO, tres-celebre Mathematicien. Voici ſon Epitaphe.

De Sacro-Boſco qui compotiſta Johannes,
Tempora diſcrevit, jacet hic à tempore rap-
  tus.
Tempore qui ſequeris, memor eſto quod mo-
  rieris,
Si miſeres, plora, miſerans pro me, precor,
  ora.

Tout proche eſt encore l'Epitaphe d'un celebre Juriſconſulte, qui avoit été le Maitre de Papirius Maſſon.

CUJACI.

Balduinus hic jacet, hoc tecum reputa &
  vale,
Mortuis vobis Juriſprudentiam corripit gravis
  ſopor.

Frans

Franciscus Balduinus Jurisconsultus obiit,
Anno ætatis suæ 53. 9. Kalend. Novemb.
Anno à partu Virginis 1573. PAPIRIUS
MASSONIUS *Jurisconsultus , Balduini*
Auditor , tumulum posuit.

Enfin celui de deux Ecoliers, nommez
Leger Mouffel & Olivier Bourgeois, qui
furent pendus à Montfaulcon en 1408. le
dix-fept de May, par Sentence du Prevôt
de Paris, fans avoir égard aux privileges
de l'Univerfité, qui demanda cette celebre
fatisfaction dont on a parlé dans la page 6.
de ce Vol. Mais depuis quelques années,
on a fait beaucoup d'embelliffemens tres-
confiderables dans cette Eglife. Le grand
Autel eft orné de colonnes de marbre d'une
couleur rougeâtre, fort rare ; le petit
Tabernacle qui eft deffus, eft auffi tres-
beau, les deux petits Autels qui font aux
côtez du grand, font de même, ornés de
Colonnes tres-bien travaillées. Le Chœur
de cette Eglife eft feparé de la Nef,
par une efpece de baluftrade, ou plûtôt
par fix colonnes Ioniques de marbre, qui
foûtiennent une corniche, fur laquelle il
y a des figures de petits Anges, tres-bien
deffinées. Le refte de l'Eglife eft revétu
d'une menuiferie chargée de fculpture, où
il y a quantité de grenades, qui font les
Armes du General d'à prefent, qui a fait
la dépence de toutes ces nouvelles reparations.

tions. C'eſt dans le Chapitre de ce Couvent que s'aſſemble l'Univerſité , lors
qu'elle doit faire ſes Proceſſions ; ce qui
arrive ordinairement tous les trois mois ; le
Recteur ne manque jamais de s'y trouver.
Il eſt même obligé de donner une ſomme
à tous ceux qui y aſſiſtent. C'eſt une choſe
que les Etrangers doivent voir , & qui eſt
digne de leur curioſité , parce que cette
Proceſſion eſt tres-nombreuſe & qu'elle
marche dans un fort bel ordre : les quatre
Facultez ſont obligées de s'y trouver dans
l'habit qui leur eſt particulier. L'argent
que le Recteur débourſe dans ce rencontre,
eſt pris ſur les revenus de l'Univerſité , qui
ſont de cinquante mille francs affectez ſur
les Meſſageries de quelques Villes du Roïaume , & ſur des Maiſons ſituées en divers
endroits de Paris. Autrefois elle poſſedoit
de bien plus grands revenus , mais elle les
a perdus par la negligence de ceux qui en
ont eu l'adminiſtration dans les derniers
temps.

Aprés on paſſera devant
L'EGLISE DE SAINT BENOIT ,
que l'on tient avoir êté fondée par ſaint
Denis, qui la dedia à la ſainte Trinité ; ſi
cela eſt, l'on ne peut douter qu'elle ne ſoit
d'une tres-haute antiquité. Elle eſt occupée par des Chanoines Seculiers, qui ſont
obligez les jours des grandes Fêtes de venir en Corps, accompagner les Chanoines
de

de Noſtre-Dame, lors qu'ils font les grandes Proceſſions. L'Edifice n'a rien de beau,
il a été élevé à diverſes repriſes : la Nef fut
bâtie ſous François premier , & depuis
quatre ans le Chœur a été refait tout de
neuf, aſſez proprement. En dedans il eſt
embelli de Pilaſtres Corinthiens , qui ſoûtiennent une Corniche d'un aſſez bon
goût. Cette Egliſe eſt fort claire, & n'a
pas le deffaut qu'elle avoit autrefois , qui
étoit que le grand Autel étoit tourné du
côté de l'Occident ; lors que dans le ſiecle
paſſé l'on commença à la rebâtir, on chan-
gea entierement cette diſpoſition , ce qui
fit qu'on la nomma *Saint Benoiſt le bien
tourné* ; car en ce temps-là on étoit fort
exact à tourner les Egliſes du côté de
l'Orient, & même on s'en faiſoit une eſpece de ſcrupule.

De l'autre côté de la ruë ſaint Jacques ,
vis-à-vis le derriere du Chœur de cette
Egliſe , eſt une petite Place , à l'entrée de
laquelle il y a une Fontaine qui en porte le
nom. On nomme cette Place LA TERRE
DE CAMBRAY , à cauſe d'un College du
même nom , qui y eſt. L'on y voit auſſi

LE COLLEGE ROIAL , dont le premier Fondateur a été François premier , le
Pere & le Reſtaurateur des Lettres en France. C'eſt lui qui inſtitua la plûpart des Lec-
teurs en Droit & en Medecine qui y ſont ; &
qui fit venir les plus habiles gens, qu'il put

trou-

trouuer , pour y enseigner les Mathematiques , la Philosophie , la Langue Greque ,
la Latine , la Syriaque & l'Hebraïque. Il
avoit resolu d'y faire élever un grand bâtiment , mais son dessein n'ayant pas été
executé à cause des grandes dépences qu'il
fut obligé de faire pour soûtenir les Guerres qu'il avoit sur toutes les Frontieres du
Roïaume , & principalement en Italie ; il
laissa cét ouvrage à achever à son Fils Henri second qui le negligea ; ou du moins qui
n'eut pas la commodité de le faire. Les
Professeurs pendant tout ce temps-là donnoient Leçon dans le College de Cambray ,
& demeurerent en cét état jusques sous
Henri le Grand , qui en l'année 1609. le
23. Novembre , envoïa le Cardinal du
Perron , le Duc de Suilly , premier Ministre , le President de Thou & un Conseiller du Parlement nommé Monsieur
Gillot , pour voir la situation du lieu , &
s'il y avoit assez de place pour élever le bâtiment que l'on avoit projetté. Il devoit
être composé d'un corps de logis , acompagné de deux aîles avec une cour , au milieu de laquelle il y devoit avoir une Fontaine , le bas êtoit destiné pour les Classes ,
& le premier étage d'un côté pour y mettre
la Biblioteque Roïale , qui êtoit pour lors
à Fontainebleau , & qui est à present dans
la ruë Vivien : les Professeurs y devoient
aussi être logez , ce qui eut été d'une tres-
gran-

grande commodité, mais ces beaux projets ne purent être executez à cause de la mort tragique de ce grand Roi, qui fut enlevé à la France, dans le temps que l'on y penſoit le moins. La Reine Marie de Medicis, ſon illuſtre Epouſe, pour ſeconder le zele du Roi ſon Mari, voulut achever ce qu'il avoit commencé : & elle-même avec Loüis XIII. ſon Fils, qui n'avoit alors que neuf ans, ſe tranſporta ſur le lieu. Le jeune Roi y mit la premiere pierre, & l'on travailla à cét ouvrage avec chaleur : mais enfin il fut encore interrompu, & il eſt reſté comme on le voit, ſans que l'on ait ſongé depuis ce temps-là à le continuer. Il n'y a qu'un côté de fait, qui eſt dans le même endroit, où êtoit autrefois le College de Treguier. Les Profeſſeurs ſont gagez du Roi, & font une eſpece de Corps ſeparé de l'Univerſité, à laquelle ils ſont cependant ſoûmis. Ils ont les mêmes privileges que les Officiers de la Maiſon du Roi, & il n'eſt pas permis au Recteur de les depoſer ni de leur défendre la Chaire, ce qu'il peut faire à tous les autres. Il y a toûjours eu des perſonnes choiſies & d'un extraordinaire merite.

En Langue Greque les plus illuſtres ont été ADRIEN TURNEBE, natif d'Andeli en Normandie, qui mourut en 1565. âgé ſeulement de cinquante-trois ans ; DENIS LAMBIN lui ſucceda, qui a laiſſé de tres-beaux ouvrages. En

En Langue Hebraïque FRANÇOIS VATA-
BLE, Picard d'origine, qui a fait plusieurs
Commentaires sur divers Auteurs, qui sont
fort estimez: GILBERT GENEBRARD, Docteur en Theologie, de l'Ordre de saint Benoist, & Prieur de saint Denis de la Chart-
tre, proche le Pont Nostre-Dame. Il fut
choisi pour être Archevêque d'Aix en Pro-
vence, & mourut dans le mois de Mars de
l'année 1597. On voit de lui un grand
nombre d'Ouvrages, dont le catalogue est
à la fin du Livre intitulé, *la Liturgie Sainte*;
le nommé CALIGNON pour la même
Langue, dont on a une Grammaire, qui
est fort estimée; RAOUL DE BAYNE, Anglois, qui a laissé trois Livres de Commentaires sur Salomon, selon la phrase
Hebraïque, qu'il dedia à Henri second.

Pour les Mathematiques ORONCE FINE',
de la Ville de Briançon en Dauphiné; &
PASCHAL DU HAMEL qui lui succeda.

Dans l'Eloquence Latine BARTHELEMY
LATOMUS, & JEAN PASSERAT.

FRANCOIS VICOMEREAT, originaire de Verone, & PIERRE DE LA RA-
ME'S, de Cuth en Vermandois, ont été
les deux plus celebres de ceux qui y ont
enseigné la Philosophie qui vivoient en
1568.

Enfin ceux qui ont le plus excellé en Medecine sont VIDUS VIDIUS, JACQUES
SILIUS, d'Amiens, & JEAN RIOLAND,
voi-

voilà ceux dont les noms font les plus connus à caufe des Ouvrages qu'ils ont laiſſez ;
on auroit de la peine fans doute, à trouver
un College où y ait eu plus de Sçavans que
dans celui-ci, quoi qu'il ne foit pas d'une
fort grande antiquité. Vis-à-vis eft

LA COMMANDERIE DE SAINT
JEAN DE LATRAN, qui dépend de
l'Ordre de Malte ; c'eft un grand efpace
rempli de maifons mal bâties, où logent
toutes fortes d'Ouvriers qui ne font pas
Maîtres, & qui peuvent travailler fans
être inquietez par les Jurez de la Ville ; ce
qu'il faut y voir eft le Tombeau de Monsieur de Souvre', celui-la même qui eft
mort Grand Prieur de France, & qui a fait
bâtir la belle maifon qui eft au Temple
quelques années avant fa mort, & n'êtant
encore que Commandeur de faint Jean de
Latran, il fit faire le Tombeau que l'on
verra dans l'Eglife, qui eft tout de marbre,
où fon effigie eft couchée fur une grande
Urne de même, acompagnée de deux
Termes fortans de leurs guénes qui foit
canelées & tres-bien travaillées. Tout cét
ouvrage eft parfaitement beau & d'un deffein fort fingulier. Il eft de M. Anguerre,
un des plus habiles Sculpteurs que la France
ait jamais eu. Le corps de Monfieur de Sou-
vré n'a point êté enterré en cét endroit,
on y a feulement mis fon cœur. Tout le
refte n'a rien de remarquable. L'E-
glife

glife où eft ce Monument, eft tres-ancienne & fort mal bâtie.

En fortant de ce lieu il faut reprendre le
chemin de la ruë faint Jacques, on y trouvera enfuite

LE COLLEGE DU PLESSIS, que
l'on nommoit autrefois le College de faint
Martin, à caufe que fon premier Fondateur nommé de Geoffroy du Pleffis, Secretaire du Pape Jean XXII. avoit une tres-
grande devotion à ce Saint : mais le Cardinal de Richelieu pour éternifer fa memoire, lui a fait reftituer fon nom, & l'a fait
nommer le College du Pleffis de Richelieu,
aprés l'avoir fait rebâtir magnifiquement ;
il eft celui de l'Univerfité dont les logemens foient les plus beaux & les mieux or-
donnez. Il eft auffi le plus rempli de Pen-
fionnaires & d'Ecoliers. Meffieurs de Sorbonne en ont la direction, & ce font eux qui
y mettent le Principal & les Regens. Un
peu plus haut eft

LE COLLEGE DES JESUITES.

SUr la porte duquel on voit cette belle Infcription.

COLLEGIUM LUDOVICI MAGNI.

Autrefois on le nommoit le College de
Clermont, ayant été fondé pour les Ecoliers

liers de cette Ville , à l'imitation de quelques autres de l'Univerſité. Dans le ſiecle
paſſé Meſſire GUILLAUME DUPRRAT, Evêque de la même Ville , s'étant trouvé au
Concile de Trente de la part de la France,
fit une particuliere liaiſon avec quelques
Peres Jeſuites , qu'il trouva à cette celebre
Aſſemblée ; il conçut une ſi haute eſtime
de leur ſçavoir & de leur pieté , qu'il les fit
venir en France pour inſtruire la Jeuneſſe
dans les Lettres humaines , & ſur tout dans
la pureté de la Religion Romaine , qui
pour lors étoit troublée de l'Hereſie de
Luther & de Calvin. Ce Prelat amena avec
lui à Paris le Pere *Paquier Broüet* , avec
quelques autres de la même Societé , qu'il
logea pendant ſon vivant dans ſa maiſon :
mais étant venu à mourir , il leur laiſſa par
Teſtament trois mille livres de rente , &
une ſomme d'argent tres-conſiderable ,
dont ils acheterent une place vuide dans la
ruë ſaint Jacques qui eſt le lieu où ils ſont ,
que l'on nommoit pour lors *la Cour de Lan-
gres* , & qu'ils appellerent le College de
Clermont , à cauſe que leur Bien-faiteur
étoit Evêque de cette Ville. Henri III.
voulut y mettre la premiere pierre , ſur laquelle on avoit gravé cette Inſcription.

RELIGIONIS AMPLIFICANDÆ STU-
DIO, HENRICUS III. CHRISTIANISS,
REX FRANCIÆ ATQUE POLONIÆ,
IN

IN AUGUSTISS. JESU NOMEN PIE-
TATIS SUÆ MONUMENTUM HUNC
PRIMUM LAPIDEM, IN EJUS TEM-
PLI FUNDAMENTUM CONJECIT.

ANNO DOMINI 1582. DIE 20.
APRILIS.

On ne remarque rien de singulier dans
tout le bâtiment de ce College ; cependant il y a bien des choses à y observer, que
l'on ne trouvera point ailleurs. Premierement la quantité de logemens & de chambres qui y sont, remplies jusques aux
moindres endroits, & qui sont ménagées
avec une tres-grande industrie. Le grand
nombre de Pensionnaires qui la plûpart
sont de qualité, outre la multitude d'Ecoliers Externes, qui monte quelquefois
jusqu'à deux ou trois mille, qui étudient
tous ensemble, dans un ordre & dans une
discipline la plus reguliere du monde. Les
Classes sont partagées en six, sans com-
prendre celles qui sont destinées pour la
Philosophie, la Theologie, & pour les
Mathematiques: mais ces dernieres ne sont
frequentées que des jeunes Jesuites, qui
étudient encore, ou du moins par quelques Pensionnaires qui ne se soucient pas
d'obtenir des degrez dans l'Université ; car
ceux qui veulent être Maîtres-és-Arts, ou
devenir Docteurs, doivent étudier la Phi-
loso-

losophie dans les Colleges de l'Université; une chose qui est fort loüable chez ces Peres, est que les Ecoliers sont obligez d'aller tous les mois à confesse; en sorte qu'en même temps les Parens sont déchargez du soin de la conscience & des études de leurs enfans; la Chapelle de ce College est petite & obscure, elle est à main droite en entrant, il n'y a rien à voir que les jours de Fêtes, que l'Autel est des plus riches & des mieux garnis. Il y a un devant d'Autel tout d'argent, & un autre d'une riche broderie d'or, fort élevé sur un fond d'argent. Les appartemens qui sont sur le derriere de la Maison, sont plus commodes que ceux du devant, les Armes de Monsieur Fouquet qui sont dans le fronton, font connoitre que c'est lui qui les a fait bâtir, aussi bien que le gros corps de logis, qui est au fond du Jardin, assez proche du petit College de Marmoutier, qui a été joint à celui ci pour l'augmenter. C'est dans cét appartement que la Biblioteque est placée, qui sans contredit est une des plus nombreuses & des plus belles de Paris, par la quantité & par la qualité de Livres qui s'y trouvent. Il y a même un assez bon nombre d'anciens Manuscrits & de Livres heretiques, principalement des Sociniens, qui remplissent presque un petit Cabinet tout entier. On y voit outre cela une tres-belle suite d'Historiens d'Espa-

gne, generaux & particuliers de diverses
Provinces de ce Roïaume, & des Personnes illustres qui y ont vécu, qui sont en
Espagnol ou en Latin. Il y a aussi une
grande quantité de Mathematiciens &
d'Humanistes, qui occupent une petite
Galerie que l'on a pratiquée sur les Armoires; car quoi que ce lieu soit composé de
deux aîles assez longues; cependant il
étoit trop petit, & il a falu ménager cette
Galerie pour y mettre les petits Volumes.
Il y a un Tableau du Bassan à un des bouts,
qui represente le combat des Centaures &
des Lapites, que Monsieur Fouquet donna
aprés avoir fait bâtir cette Biblioteque, à
laquelle il a laissé mille livres de rente pour
son augmentation & pour son entretien.
On y conserve une belle suite de Médailles
antiques tres-rares, mais n'étant pas ar-
rangées comme elles doivent être, l'on ne
les montre pas volontiers. Il y a dans ce
College des personnes tres-habiles, entre lesquels on peut conter un nombre considerable d'Auteurs, & ceux qui sont encore vivans, sont le Pere Bouhours, Auteur *des Entretiens d'Ariste, & d'Eugene*,
dans lesquels il y a tant de delicatesse & de
pureté de langage, qu'il semble que pour
parler, comme les honnêtes gens doivent
faire, on doit imiter son stile. Les autres
ouvrages que l'on a de lui, sont *Les Dou-*
tes & les Remarques sur la Langue Françoise;
l'Histoi-

l'*Histoire de Pierre d'Aubuſſon, Grand Maître de Rhodes* ; *la Vie de ſaint Ignace,* & *la
Vie de ſaint François Xavier, Apôtre des
Indes* ; & *quelques Livres de devotion.* Le
Pere Rapin a fait *l'Eſprit du Chriſtianiſme* ;
l'Importance du Salut ; *la Foi des derniers ſiecles* ; & *de tres belles inſtructions* pour
l'Hiſtoire avec quelque Poëſies Latines,
entre autres ſur les Fleurs, qui ſont tout-
à-fait belles. Le Pere de la Ruë a commen-
té quelques Auteurs anciens pour Monſeigneur le Dauphin, & les Tragedies que
l'on repreſente ſur le Theatre de ce College, ſont fort ſouvent de lui : on peut, dire qu'il eſt également habile en diverſes
choſes, car les Vers François qui ont paru
de ſa façon, ont êté fort eſtimez. Le Pere
d'Aroüy avant qu'il fût en Bretagne où il
eſt à preſent, ſe faiſoit admirer par les
Machines qu'il inventoit au ſujet des Mathematiques ; & l'on en voïoit il n'y a pas
long-temps une, qui faiſoit connoitre le
mouvement des Aſtres, digne de la curioſité des plus éclairez dans cette ſcience. Il ſe
fait quelquefois dans ce College des Actions publiques, qui attirent un nombre
prodigieux de perſonnes : au Carnaval on
repreſente une petite Tragedie Latine. A-
prés Paſques on expoſe des Enigmes à expliquer, pour leſquelles il y a des prix ; l'on
y ſoûtient auſſi des Theſes où viennent des
perſonnes de conſideration ; mais ce qui

C 2 eſt

eſt de plus beau, eſt la grande Tragedie que l'on repreſente au mois d'Août, ſur un Theatre élevé exprés, qui occupe tout le fond de la cour. Ce ſont toûjours des Penſionnaires & des jeunes Enfans de qualité qui en ſont les Acteurs ; ce qui eſt de plus beau, ſont les Balets de la compoſition du ſieur de Beauchamp, que l'on dance dans les intermedes. A la fin de la Piece l'on fait la diſtribution des prix aux Ecoliers qui les ont meritez, ſans aucun égard à la qualité ; ce qui donne beaucoup d'émulation à cette Jeuneſſe, qui fait un effort tres-grand pour remporter à la veuë de tant de perſonnes, les prix dont le Roi veut bien faire la dépence.

Au ſortir de ce lieu on doit monter un peu plus haut & l'on trouvera

L'EGLISE DE S. ETIENNE DES GRECS, la premiere & la plus ancienne de Paris. Saint Denis Evêque de cette Ville, à ce qu'on croit, en eſt le Fondateur ; & n'eſt conſiderable que par ſon antiquité. On dit que ſaint François de Sales, Evêque & Prince de Geneve, y fit ſes Vœux de chaſteté & de pauvreté, devant la Chapelle de Nôtre Dame de bonne Délivrance qui y eſt, & où il y a une grande devotion. Vis-à-vis eſt.

LE COUVENT DES JACOBINS, autrement nommez, Les Freres Preſcheurs de l'Ordre de ſaint Dominique,

dont

dont la premiere fondation est raportée au temps même de ce Saint, qui vivoit en l'année 1217. sous le Pontificat d'Honoré III. & sous le Regne de Philippes Auguste. Ce Saint travailla avec beaucoup de chaleur, comme l'Histoire le raporte, à l'extirpation de l'Heresie des Albigeois, qui faisoit de grands desordres dans le Languedoc ; dans le même temps il envoïa deux de ses Religieux à Paris, qui se logerent dans une Place nommée *le Parloir aux Bourgeois*, qui est le même lieu où est à present ce Couvent. Ils ont été appellez *Jacobins*, à cause de la Ruë saint Jacques. Leur Eglise, comme on la voit, a été bâtie par les soins de saint Loüis, si on en croit Belleforest, Historien assez fidele. On y poura voir les Tombeaux de plusieurs grands Seigneurs, qui pour la plûpart ont été Princes du Sang Roïal de France. Comme on n'a pas entrepris de faire la recherche des Antiquitez, on s'exemtera de raporter ici leurs noms, que l'on peut trouver dans le Pere du Breüil ; il faut seulement sçavoir que parmi ces Tombeaux illustres est celui de Humbert dernier Prince souverain du Dauphiné, sous le titre de Dauphin de Viennois, il est devant le grand Autel. L'Histoire raporte que se voïant sans enfans, il vendit cette Province à Philippes de Valois une tres-petite somme d'argent, & qu'il embrassa à

 Lyon

Lyon la vie religieuse fous l'Ordre de faint
Dominique , où il vécut dans une tres-
grande eftime des gens de bien , & même
il fut choifi pour être Prieur de ce Couvent,
& enfuite pour être Patriarche d'Alexan-
drie. Voici fon Epitaphe.

Hic jacet R. Pater & Dominus ampliffimus
HUMBERTUS , *primò Viennæ Delphinus ,*
deinde relicto Principatu , Frater noftri Or-
dinis , Prior in hoc Conventu Parifienfi , ac
demùm Patriarcha Alexandrinus , & perpe-
tuus Ecclefiæ Rhemenfis adminiftrator , &
præcipuus hujus Conventus Benefactor. Obiit
anno Domini 1345. *Maij* 22.

Cette Eglife n'a rien que de fort fimple ,
mais cependant le grand Autel eft d'une
affez bonne difpofition ; il eft orné de marbre noir , & les Armes du Cardinal de
fainte Cecile , frere du Cardinal Mazarin ,
qui'y font , font connoître que c'eft lui qui
l'a fait bâtir , à caufe qu'il êtoit de cét Ordre. Au deffus de la porte de la Sacriftie il
y a un grand Tableau qui reprefente la
Naiffance de la fainte Vierge , qui eft de
Valentin , que le Cardinal Mazarin donna
pour mettre fur le grand Autel ; mais comme il fe trouva trop petit , il le laiffa à
l'Eglife , où il a toûjours refté depuis ce
temps : c'eft un des plus beaux Tableaux
qu'il y ait en France , & les Curieux en font
beau-

beaucoup d'état. Monſieur Felibien en parle comme d'une Piece des plus belles, qui ait paſſé d'Italie en France, dans le Livre qu'il a compoſé ſur la Vie & ſur les Ouvrages des plus celebres Peintres. A côté du grand Autel eſt la Chapelle de Noſtre-Dame du Roſaire, dont la menuiſerie eſt aſſez belle. Il y a une tres-grande devotion à cauſe des Indulgences qu'on peut gagner tous les premiers Dimanches du mois. Dans le Cloître on poura remarquer quelques Peintures, mais qui ſont de fort peu de conſequence, auſſi bien que la Biblioteque, qui n'eſt pas des plus nombreuſes, quoi qu'elle ait ſervi à de tres-celebres Docteurs. On y conſerve une choſe extraordinairement curieuſe, qui eſt la Chaire du grand ſaint Thomas d'Aquin, l'Ange de l'Ecole, qui eſt de bois, enfermée dans une autre de même, pour empêcher que le temps ne la détruiſe. Un General de l'Ordre a fait la dépence de celle dans laquelle elle eſt enfermée. Depuis quelque temps ces Peres ont fait faire un petit Cabinet au bout de la Biblioteque où elle eſt aſſez bien expoſée en veuë. On ſçait que ſaint Thomas d'Aquin a profeſſé la Theologie à Paris dans ce Couvent, & la grande Claſſe que l'on verra, lui a ſervi à donner ſes Leçons. Elle a été rebâtie au commencement de ce ſiecle, des aumônes que ces Peres reçurent pendant un Jubilé. Quelques Predicateurs de cette Maison se sont acquis de la reputation dans le monde ; entre autres le Pere Chausseemer, qui est estimé un des plus profonds & des plus éloquens que nous aïons à present, & qui a préché ce Caresme à Nôtre-Dame, aprés avoir préché au Louvre. Defunt Monsieur Coëffeteau, qui a composé une tres-belle Histoire Romaine, y a passé une bonne partie de sa vie, & plusieurs autres encore dont il seroit trop long de parler.

Avant que de sortir de la ruë saint Jacques, il faut sçavoir qu'il y a plusieurs Libraires qui vendent presque tous les Livres de Messieurs du Port-Roïal, & tous les Ouvrages de Monsieur Arnault, qui sont generalement estimez de tout ce qu'il y a de Sçavans. On y trouve les Pieces de Messieurs de l'Academie Françoise, beaucoup de Livres étrangers. Les Pieces qui concernent l'Eglise Gallicane. Il y a tout ce que Monsieur Mainbourg a fait. On y vend aussi les Livres du Pere Bouhours, du Pere Rapin, de Monsieur l'Evêque de Meaux, de Monsieur l'Abbé Fléchier, Aumônier de Madame la Dauphine, qui a traduit la Vie du Cardinal Commendon, & qui a composé pour Monseigneur le Dauphin, l'Histoire de Theodose le Grand, & quatre Oraisons Funebres. On y trouve aussi plusieurs autres Livres, où les Sçavans trouveront dequoi se satisfaire.

Dans

Dans cette même Ruë il y a plusieurs Graveurs & Marchands de Tailles-Douces, qui vendent quantité de Cartes de Geographie, & Estampes. On n'en dira pas davantage en cét endroit ; à la fin de ce Volume on pourra donner un Catalogue des Livres les mieux écrits en nôtre Langue, pour servir aux Etrangers, qui achetent fort souvent de tres-méchans Livres faute de connoître les bons, & ceux qui peuvent leur servir dans l'étude particuliere qu'ils font de la Langue Françoise.

Hors la porte saint Jacques dans le Fauxbourg, qui porte le même nom, on verra beaucoup de belles choses, & en plus grand nombre qu'en aucun autre Faux bourg de cette Ville. A main gauche presque à l'entrée est

LE COUVENT DES FILLES DE LA VISITATION, qui n'a aucune belle apparence ; l'Eglise même n'est guere plus grande qu'une Salle, cependant l'Autel est un des plus riches que l'on puisse voir les jours des Fêtes ; car ces Religieuses n'épargnent rien pour l'orner de Chandeliers, de Lampes, de Vases, de Figures & de mille autres choses de cette sorte, qui sont toutes d'argent, & la plûpart fort pesantes. Mais ce lieu n'êtant pas des mieux diposez, toutes ces belles choses ne paroissent pas comme elles pouroient faire ailleurs. En suivant toûjours le même chemin, on passera devant   C 5   L'E-

L'EGLISE PAROISSIALE DE SAINT JACQUES, dont tous ce Quartier reçoit le nom. Feu Madame la Duchesse de Longueville, Sœur de Monsieur le Prince, une des plus pieuses & des plus charitables Princesses de ce siecle, l'a fait reparer comme l'on la voit; la porte est d'un Ordre Dorique, assez bien executé, & si cette vertueuse Princesse eût vécu plus longtemps, elle auroit sans doute donné dequoi achever le reste de l'Ouvrage: mais elle est morte depuis quatre ans, dans le Couvent des Carmelites, au regret de quantité de pauvres, qui vivoient des aumônes qu'elle leur faisoit.

LE SEMINAIRE DE S. MAGLOIRE est tout proche; c'étoit autrefois une Abbaïe de l'Ordre de saint Benoist, qui avoit été fondée à l'endroit où est à present saint Barthelemi, proche le Palais. Mais les bons Religieux de ce temps-là étant importunez du bruit qu'il y avoit en ce lieu, changerent en 1138. & vinrent occuper cette place, qui étoit bien avant hors la Ville, où il y avoit déja une petite Chapelle dediée à saint Georges. Enfin en l'année 1549. les Religieux de saint Benoist quitterent tout-à-fait cette maison, & furent transferez dans d'autres du même Ordre, & le revenu fut affecté à l'Archevêque de Paris. L'on mit en leur place des Filles Penitentes, qui n'y ont pas demeuré

ré long-temps ; mais enfin les Prêtres de
l'Oratoire y ont été introduits au commencement de ce siecle , dont l'Institut est
d'instruire les jeunes Ecclesiastiques dans
les fonctions de leur ministere.

LES URSULINES sont un peu plus
avant, leur Eglise est petite , cependant
l'Autel est d'un dessein assez beau , orné
de colonnes de marbre noir. Ces Religieuses enseignent gratuitement les jeunes filles & leur apprennent non seulement à lire
& à écrire , mais encore à faire des ouvrages , qui leur conviennent , ce qui est d'une
tres-grande utilité pour le Public. Elles
ont été fondées en 1607. par Mademoiselle de sainte Beuve , qui étoit d'une extraordinaire pieté , & la Reine Anne d'Autriche mit la premiere pierre à leur Eglise
en 1620. le 22. de Juin.

LES FEUILLANTINES sont du mê-
me côté , elles sont de l'Ordre de saint Bernard , de la Reforme du Bienheureux Jean
de la Barriere. Elles furent établies à Paris
en 1622. à la sollicitation de la Reine Anne
d'Autriche. Leur Eglise a été rebâtie de
neuf depuis quelques années & même avec
dépence. Elle est fort claire , & le Portail
n'est pas mal entendu ; c'est le sieur Marot,
qui en a donné le dessein. Une de leurs
Bien-faitrices a beaucoup contribué à la
dépence. Sur leur grand Autel on voit une
tres-bonne copie de la sainte Famille de

 Ra

Raphaël, dont l'Original est dans le Cabinet du Roi : la grille du Chœur est belle & ornée de cuivre doré. Tout proche sont
LES BENEDICTINS ANGLOIS, qui ont aussi fait bâtir une nouvelle Eglise, à la verité fort petite, mais en recompense qui a beaucoup d'embellissemens. Elle est ornée de Pilastres, & l'Autel est acompagné de colonnes & de figures, qui font un assez bel effet. La menuiserie des Chaises des Religieux est fort jolie & la petite Chapelle de la sainte Vierge vis-à-vis la Porte, est fort propre. Les Religieux qui occupent cette Maison, sont Anglois d'origine qui se sont refugiez en France, à cause de la Religion. La Reine-Mere défunte leur a fait de grandes aumônes, aussi bien que plusieurs personnes de pieté, & même des Anglois. Ils en ont un enterré chez eux, d'une Famille considerable qui leur a laissé quelque chose, comme on le voit par son Epitaphe. Vis-à-vis sont

LES CARMELITES.

Utrement dites *Nostre-Dame des Champs*. L'Eglise de ces Religieuses est une des plus anciennes qu'il y ait à Paris, & même la plûpart des Antiquaires, croïent qu'elle est une de celles que saint Denis a fondées. Quelques Auteurs modernes ont écrit qu'elle avoit servi

de

de Temple à la Deeſſe Cerés ou à Mars,
mais ſans beaucoup de ſondement ; car
l'on ne trouve rien dans les vieux Hiſtoriens qui autoriſe cette opinion ; ce qui eſt
de plus certain eſt, qu'elle a tres-long-
temps appartenu à l'Ordre de ſaint Benoiſt, & qu'elle a été un Prieuré dépen-
dant de la grande Abbaïe de Marmoutier,
proche la Ville de Tours:le titre même s'eſt
encore conſervé, & Monſieur l'Evêque
d'Orleans qui en eſt pourvû, en reçoit
quatre ou cinq mille livres par an. En l'année 1604. on y mit les Carmelites, de la
Reforme de ſainte Thereſe, que le Cardinal de Berulle alla lui même chercher en
Eſpagne, dans le temps que cette Reforme faiſoit un grand bruit dans la Chrêtien-
té, à cauſe de ſon auſterité. Cette Maiſon
a été la premiere du Roïaume, qui a ſuivi
la Regle de ſainte Thereſe, de laquelle
tous les autres Couvens de Paris & des autres endroits de la France ont pris leur origine. A preſent cette Communauté eſt
fort nombreuſe ; il y a beaucoup de perſonnes de la premiere qualité, qui quitent
le monde pour y aller finir leurs jours.

Leur Egliſe eſt une des plus belles & des
plus magnifiques que l'on puiſſe voir. Le
corps du bâtiment eſt, à la verité, tres-
antique ; mais les embelliſſemens modernes du dedans reparent avantageuſement ce
défaut. En entrant on remarquera que tout

y eſt peint en marbre noir veiné de blanc,
& que les baluſtrades ou les clôtures des
Chapelles ſont d'une menuiſerie dorée extraordinairement belle : mais ce qui eſt de
plus curieux, ſont les grands Tableaux
qui ſont placez ſous chaque fenêtre, dont
les bordures ſont enrichies d'une ſculpture
des mieux dorées. Il y a ſix de ces Tableaux
de chaque côté, qui repreſentent quelques points principaux du Nouveau Teſtament. Ils ſont des plus fameux Peintres
de ce ſiecle-ci. Le premier à main gauche
en entrant, qui repreſente le miracle des
cinq Pains, eſt de Stella. Le ſecond eſt le
Feſtin de Simon le Lepreux, où la Madelaine parfume les piés de Nôtre-Seig-
gneur ; qui eſt de Monſieur le Brun. Le
troiſiéme qui repreſente l'entrée triomphante de Nôtre-Seigneur dans la Ville de
Jeruſalem, eſt de la Hire. Le quatriéme
qui marque l'Hiſtoire de la Samaritaine,
eſt encore de Stella, le coloris & les dra-
peries de ce Tableau ſont tres bien entenduës. Le cinquiéme eſt encore de Monſieur
le Brun : & le ſixiéme qui repreſente la
Transfiguration, eſt de la Hire. De l'autre côté tous ceux qu'on y voit, ſont de
Champagne, & cét habile Peintre n'a guere fait de Pieces plus belles que celles-ci,
comme il eſt aiſé de le remarquer. L'Autel de cette Egliſe eſt fort élevé, & tout de
marbre ; le corps de l'ouvrage auſſi bien
que

que les colonnes qui font Corinthiennes, dont des chapiteaux font de bronze doré à feu. Le Tabernacle eſt tout d'argent, il repreſente l'Arche d'Alliance. Sur le devant il y a un grand bas-relief fort bien cizelé. Les jours de Fêtes, cét Autel eſt orné de Vaſes, de Chandeliers & de diverſes choſes de cette forte fans confuſion, qui font un tres-bel effet. Vis-à-vis la grille du Chœur où chantent les Religieuſes, eſt un grand Tableau du Guide, qui repreſente la Salutation Angelique, que l'on doit regarder comme un des plus beaux que l'on puiſſe voir, même en Italie. Les Chapelles répondent à la magnificence de cette Egliſe, fur tout celle qui eſt dediée à la Madelaine, où il y a un excellent Tableau de cette Sainte, de Monſieur le Brun, un des plus beaux peut-être qu'il ait jamais fait. Cette Sainte eſt repreſentée pleurante ſous un rocher ; qui arrache ſes ornemens de tête & ſes parures, & qui les foule aux piés : elle a les yeux baignez de pleurs, dont l'éclat de ſon teint paroît obſcurci : eufin on ne peut s'imaginer une diſpoſition plus touchante, & l'on a de la peine à ne pas avoir de la compaſſion en voïant cette Penitente. Vis-à-vis l'Autel de cette petite Chapelle, eſt la Statuë à genou du Cardinal de Berulle, Inſtituteur des Peres de l'Oratoire, à qui ces Religieuſes ont de tres-grandes obligations, comme on a dit.

Cette

Cette Statuë eſt de marbre blanc, fait par 1
Sarazin, en 1657. elle eſt élevée ſur un n
pié-d'étal, aux quatre faces duquel ſont 1
de tres-beaux bas-reliefs, d'un nommé 5
Tocart, tres habile Sculpteur, le même 5
qui a fait la belle Chaire de ſaint Etienne, e
dont on a parlé dans la page 16. de ce 2.
Volume. De chaque côté ſont deux colonnes de marbre noir, ſur leſquelles il y a des 2
flâmes de bronze doré, auſſi bien que les 2
chapiteaux qui ſont Ioniques & tres-bien 1
fondus. Le reſte de la Chapelle eſt orné de
peintures de M. le Brun, qui repreſentent
la vie de la Madelaine. Cette Inſcription eſt
au milieu ſur un carreau de marbre blanc,
ſous lequel Monſieur l'Abbé le Camus eſt
enterré, qui a fait toutes les dépences des
embelliſſemens de cette Egliſe.

IN SPEM
RESURRECTIONIS.
HIC JACET
EDUARDUS LE CAMUS,
SACERDOS CHRISTI ET DEI.
OBIIT ANNO SALUTIS
1674.
DIE 24. FEB.
Sit in pace
Locus ejus.

Les autres Chapelles ſont à peu prés de
la même beauté. Le fond de l'Egliſe eſt
borné

borné par une grande Tribune, dont les Fenêtres font grillées, où les Religieuses peuvent venir entendre le Sermon, lorsque l'on prêche dans la Nef. Sur le devant il y a deux Statuës de faint Pierre & de faint Paul, & fur le haut faint Michel qui precipite le Demon, & qui eft d'une tres-belle invention. Il eft auffi de Stella dont on a parlé. Toute la Voute eft fort bien peinte en cartouches. Entre les cordons on y doit remarquer un Crucifix accompagné de la fainte Vierge & de S. Jean, qui font deffinez avec tant d'induftrie & d'artifice, qu'il femble que les figures foient fur un plan droit, ce qui trompe fort agreablement ceux qui les regardent. Enfin la derniere chofe qu'il faut obferver dans cette Eglife, eft le Crucifix de bronze fur la baluftrade, qui fepare le Chœur de la Nef Tous les Curieux l'eftiment beaucoup; il eft de Sarazin, qui avoit la reputation d'étre un des plus habiles hommes de fon temps.

En repaffant pour fortir de la cour, l'on verra une petite maifon, bâtie à l'Italienne, compofée de deux Pavillons; qui eft tout-à fait jolie, avec le Jardin qui lui fert de cour, au travers duquel il faut paffer pour y entrer. Elle a auffi été bâtie par les foins de Monfieur l'Abbé le Camus, dont on a parlé.

Delà on doit aller voir

LE

LE VAL DE GRACE.

IL faut ici que les Etrangers demeurent d'accord qu'on peut faire des chofes en France, aufli regulieres que celles que l'on va admirer en Italie. Aufli peut-on dire fans exageration, que cette magnifique Maifon, fi on la confidere dans toutes fes parties, eft un des plus beaux Ouvrages de ce fiecle.

Il eft bon de fçavoir que les Religieufes du Val de Grace étoient autrefois fondées proche le Village de Bierre à trois lieuës de Paris, dans un lieu fort incommode, à caufe des Marécages, nommé *le Val pro-fond*. Comme elles étoient tres-mal en cét endroit, elles demanderent la permiffion à Loüis XIII. de venir s'habituer à Paris. La Reine Anne d'Autriche, fon illuftre Epoufe, aïant connû leur merite, principalement d'une d'entre elles, nommée Marguerite d'Arboufe, pour laquelle elle prit une affection toute particuliere, fe declara leur Fondatrice, & les fit loger en 1621. au Faux-bourg faint Jacques, dans une vieille maifon que l'on nommoit *l'Hôtel de Valois*, qui fut abatuë pour faire place aux ouvrages que l'on a executé depuis. Quelques années aprés cette illuftre Reine en action de graces pour l'heureufe naiflance du Roi, que Dieu donna à la

Fran-

France aprés vint deux ans d'attente,
fit jetter les premiers fondemens du fuperbe Edifice que l'on voit. M. Manfard, dont
on a déja parlé fi fouvent , qui étoit pour
lors le plus eftimé de tous les Architectes
de France, fut choifi d'abord,& les deffeins
qu'il donna, furent admirez de tout le
monde. Il conduifit l'ouvrage jufqu'au rez
de chauffée: mais enfin pour des raifons
particulieres il fut changé, & l'on mit en
fa place d'autres Architectes, à fçavoir, le
Duc, le Muet, & du Val, qui ne firent
rien qui pût faire regreter un fi grand Maître. De dépit qu'il eut d'avoir été ainfi
traité, il entreprit la Chapelle du Château
de Frefne à fept lieuës de Paris, pour Monfieur de Guenegaud Secretaire d'Etat, où
il executa en petit le fuperbe deffein qu'il
avoit imaginé pour le Val de Grace, & il
la rendit la plus belle chofe du Roïaume,
comme en conviennent tous ceux qui l'ont
été voir. Mais fi l'Edifice du Val de Grace
eft merveilleux en l'état où il eft, il a falu
auffi des peines & des dépenfes exceffives,
principalement à jetter les fondemens, à
caufe des carrieres qui fe font trouvées,
quand on a creufé la terre. Voici de quelle
difpofition il fe trouve.

D'abord on entre dans une grande cour
devant la principale entrée, qui eft feparée
de la ruë par une paliffade de fer, aux extremitez de laquelle font deux Pavillons
quar-

quarrez. A droite & à gauche elle est bornée d'un ouvrage de Maçonnerie, orné de
colonnes rustiques, qui font un fort bel
effet. Au fond de cette cour le grand Portail est élevé sur seize degrez : mais ce qui
le rend plus remarquable, est, qu'il est en
portique, composé de quatre grosses colonnes Corinthiennes, avec des niches de
chaque côté, où l'on a mis saint Benoist
& sainte Scolastique en marbre blanc. Sur
la frise cette Inscription est en grosses lettres d'or.

Jesu Nascenti, Virginique Matri.

La face de ce Portail est de deux ordres
de colonnes Corinthiennes & composites,
avec tous les ornemens qui peuvent leur
convenir. Si ces dehors sont d'une grande
apparence, les dedans sont encore infiniment plus magnifiques, Toute l'Eglise est
pavée de marbre de diverses couleurs, dont
les compartimens répondent aux cartouches de sculpture, & aux guillochis qui
sont à la Voute, où il y a des basses-tailles
d'un ouvrage admirable. Cette Voute est
d'une pierre blanche comme le marbre, &
par tout elle est enrichie d'ornemens des
mieux executez, où M. Anguerre s'est sur-
passé. De chaque côté de la Nef il se trouve trois Chapelles separées l'une de l'autre
par deux grands Pilasttes, qui soûtiennent

la

la corniche qui regne tout autour de l'Eglise, sur laquelle posent les arcs de la Voute. Le Chœur est directement sous le Dôme à l'extremité de la Nef, de laquelle il n'est separé que par une grille de fer doré. Quatre grandes arcades soûtiennent le Dôme, & le grand Autel est placé sous celle du fond. Il est d'un dessein tout à-fait singulier, composé de six grosses colonnes torses composites, de marbre noir veiné de blanc, presque les seules qu'il y ait en Europe de cette sorte. Elles sont élevées sur des piés-d'étaux aussi de marbre, & par tout enrichies de palmes & de feüillages de bronze doré, qui font un effet merveilleux; on peut dire que la disposition de ces colonnes a quelque chose de plus magnifique que n'ont pas celles qui composent le grand Autel de saint Pierre à Rome, dont le Cavalier Bernin a donné le dessein. Celles-ci les surpassent en nombre & en beauté de travail. Elles sont sur un grand rond elevé environ de deux piés, & soûtiennent une maniere de Pavillon ouvert de tous côtez, que forment six consomnes, aux piés desquelles sont des Anges qui tiennent des encensoirs. Ces colonnes sont jointes les unes aux autres par de grands festons de palmes, autour desquelles de petits Anges tiennent des rouleaux, où sont écrits des Versets du *Gloria in excelsis Deo.* Tout cét Ouvrage est d'une dorure matte

sans

sans aucune couleur. Sur l'Autel, qui est
entre ces colonnes, l'Enfant J e s u s est representé en marbre blanc dans la Créche,
acompagné de la sainte Vierge & de saint
Joseph, qui sont des plus beaux ouvrages de
M. Anguerre. Derriere le grand Autel on verra une grille dans une espece de Pavillon
de marbre, où les Religieuses viennent faire
leurs prieres, lors que le saint Sacrement
est exposé. L'interieur de ce lieu est tres beau : mais comme il est difficile de le
voir, on n'en dira rien ; ce qu'il faut regarder soigneusement sont les quatre Evan-
gelistes, en sculpture dans les entre-Vou-
tes, qui soûtiennent le Dôme ; & un peu
plus bas autant de balcons dorez, qui se
trouvent sur des petites Chapelles prati-
quées dans l'épaisseur de l'ouvrage : mais
quoi que toutes ces choses soient dignes
d'admiration , ce n'est pas surquoi on
s'arrêtera le plus long-temps, la peinture
du Dôme donnera bien plus de plaisir à
ceux qui aiment & qui connoissent les belles choses. Elle represente la gloire des
Bien-heureux dans le Ciel, qui sont dispo-
sez par groupes, les Apôtres, les Prophe-
tes, les Martyrs, les Vierges, & les Con-
fesseurs ; chacun s'y fait reconnoître par
une marque particuliere, les Rois, les
Patriarches, les Chefs d'Ordre, les Peres
de l'Eglise, saint Benoist & sainte Scolastique,

que, dans les parties les plus basses, l'Autel & le Chandelier à sept branches; en un mot tout ce que les saintes Ecritures ont pû faire connoître du Paradis. Au plus haut la veuë se perd dans les espaces infinis qui ne font paroître que des objets confus & mal formez, à cause de l'éloignement & d'une grande lumiere qui en sort. Toute cette belle peinture est à fresque, & de la maniere de M. Mignard, qui a fait le Salon & la Galerie de saint Cloud. Dans la frise qui est au bas, on lit cette Inscription.

ANNA AUSTRIA. D. G. FRANCO-RUM REGINA, REGNIQ RECTRIX, CUI SUBJECIT DEUS OMNES HOSTES, UT CONDERET DOMUM IN NOMINE SUO, Ecc. A. M. D. C. L.

A droite & à gauche du grand Autel, font les deux grilles qui occupent les vuides des arcades : elles font d'une grandeur tout-à-fait extraordinaire, & jamais on n'en a fait de pareilles, outre qu'elles font travaillées avec autant de delicatesse, que si le fer eût été maniable, comme le plomb. Celle qui est à droit, separe le Chœur des Religieuses de l'Eglise, qui est grand, & revêtu d'une belle menuiserie. Il y a un petit Jeu d'Orgues, qui leur sert lors qu'elles chantent en Musique les jours de Fêtes,

ce qui eſt fort agreable à entendre ; parce
que parmi elles il s'en trouve qui ont la
voix tres belle. De l'autre côté c'eſt une
grande Chapelle tenduë de deüil , au milieu de laquelle eſt un Lit de velours noir,
élevé ſur quatre ou cinq degrez , où repo-
ſent le Cœur de la Reine-Mere , leur illuſtre Bien-faitrice ; celui de la Reine , que
nous venons de perdre , & ceux de quelques Princeſſes du Sang Roïal , entre autres
de Madame la Ducheſſe d'Orleans.

Avant que de ſortir de ce lieu, il faut remarquer le chiffre qui eſt au bas des degrez
de l'Autel, compoſé ſeulement de deux Lettres L. & A. qui ſon entourées de palmes & d'autres feuilliages de marbre
blanc. Il y a encore beaucoup de choſes à
obſerver qu'il ſeroit fort difficile de décrire,
& que les yeux des Curieux découvriront
tres aiſément. L'interieur du Couvent
correſpond parfaitement bien à la magnificence de cette Egliſe. Les Cellules & les
Offices en ſont regulierement ordonnées
& baties avec ſolidité , particulierement
l'Appartement de la Reine-Mere , diſpoſé
à la Capucine. Les Religieuſes ſont tres-
auſteres , parce qu'elles ſuivent la Regle
reformée de ſaint Benoiſt. Elles éliſent entre elles une Abbeſſe du corps de la Communauté , dont l'autorité ne dure que trois
ans. Les principaux revenus qu'elles ont ,
ſont ſur l'Abbaïe de ſainte Corneille de
Cōpiegne , qui a été affectée à leur Maiſon.

En

En fortant il ne faut pas oublier de jetter les yeux fur les dehors de l'Eglife & fur les ornemens qui font autour du Dôme, qui font autour de Dôme, qui paroît d'une grande hauteur. Il eft couvert de plomb avec de grandes bandes dorées: & fur le plus haut une baluftrade de fer autour de la petite Lanterne ouverte de tous côtez, fur laquelle eft la groffe Boule & la Croix au deffus.: toutes ces chofes éclatent de la Dorure qui y eft, & par quelque endroit que l'on puiffe entrer à Paris, ce Dôme eft fi gros & fi élevé, qu'on l'apperçoit facilement de tres-loin.

Aprés le Val de Grace, on poura aller voir enfuite

LE COVVENT DES CAPUCINS, derriere lequel il y a un fort grand Clos, qui s'étend affez avant dans la Campagne, & qui fert en Eté d'une agreable promenade. Leur Cloître eft petit felon la maniere de bâtir de ces bons Religieux. Ils y ont écrit des Infcriptions en Vers François fur les merailles, pour exciter à la devotion ceux qui s'y promenent.

Dans une ruë vis-à-vis les Capucins, & qui perce à la ruë d'Enfer, eft

LE COUVENT DES RELIGIEUSES BERNARDINES, Reformées du Port-Roïal, dont l'Eglife eft fort jolie. Elle eft du deffein du fieur le Pautre. Quoi qu'elle foit petite, elle a des beautez que l'on ne trouve pas dans de plus grandes. La Reine-Mere défunte fit venir ces Religieuses de la fameuse Abbaïe du Port-Roïal des champs proche Versailles en l'année 1625. où elles étoient en fort grand nombre & en grande reputation ; & les mit dans ce lieu que l'on nommoit pour lors *l'Hôtel de Clagni.* Il y a dans leur Eglise une grande devotion à cause d'une sainte Epine de la Couronne de Nôtre-Seigneur, en faveur de laquelle il s'est fait de tres-grands miracles. Le Tableau de leur Autel, qui represente une Cene, est de M. Champagne. Il y a aussi dans le même lieu, une Hidrie ou Amphore antique, qui a servi, à ce que l'on pretend, au miracle des Nôces de Cana.

Dans toute le reste du Faux-bourg, il n'y a rien de remarquable que

L'OBSERVATOIRE ROIAL.

LE Roi qui ne prend pas moins de soin à faire fleurir les beaux Arts, qu'à étendre les bornes de son Roïaume, a fait élever cét Edifice en 1667. pour loger les Mathematiciens. Ce bâtiment est un grand corps de maçonnerie à deux étages, dont les fenêtres sont rondes par en haut élevé environ de quatorze toises. Le devant est terminé par deux Tours octogones, de la même hauteur, avec une grande de esplanade relevée en terrasse, qui fait face à tout le bâtiment. La Tour orientale est sans toit ni couverture, afin que du fond on puisse voir plus à découvert. Dans le milieu sont de grandes Salles, qui ne sont pas encore embellies des ornemens que l'on y doit mettre ; mais ce qui est de plus singulier dans la structure de tout l'ouvrage, est qu'il n'y a ni fer ni bois, & que tout est vouté d'une solidité tout-à-fait extraordinaire. L'Escalier est la plus belle chose que l'on puisse imaginer, il est tout de pierre d'un trait extrémement hardi, depuis le haut jusques en bas, & la rampe de fer qui regne tout du long, est parfaitement bien travaillée. Il est de cent cinquante-six degrez & mene à la Terrasse. Comme ce bâtiment est à plusieurs étages, il s'y trouve aussi trois Voutes l'une sur l'autre, & la derniere est d'un arc fort étendu. Le comble est en Plate-forme au lieu de toit, que l'on a pavé de Cailloux, taillez & liez avec du ciment, de peur que l'eau du Ciel ne penetre & ne gâte la liaison des pierres, qui font les Voutes du dessous. Les Curieux peuvent encore descendre dans les Caves, qui sont tres-profondes ; puis-que l'Escalier qui sert pour y aller, a cent soixante & onze degrez, au milieu duquel on a laissé un espace vuide en maniere de noyau, qui perce toutes les Voûtes, & qui a une issuë par en haut sur la Terrasse en

                 sor-

sorte que du plus profond de la Cave on peut voir la lumiere par ce trou. On dit qu'il a êté fait exprés, pour voir les Astres en plein jour ; cependant on ne s'en est pas encore apperçû , & personne ne les a vû jusqu'à present, quoi que l'on y ait souvent regardé. Cét espace que l'on nomme ordinairement *le Puits*,   a vint-huit toises, depuis le fond de la Cave jusqu'à son issuë.

Dans les Appartemens particuliers, sur tout chez M. Cassini, il y a des instrumens de Mathematique tres-curieux , des Globes, des Pendules, & principalement des Lunettes fort grandes, avec lesquelles ces Sçavans observent les Astres. Il y a seulement quatre Mathematiciens logez dans l'Observatoire, qui font une partie de ceux qui composent l'Academie des Sciences, établie au Cabinet du Roi, comme l'on a dit : à sçavoir.

M. Cassini, Italien d'origine, qui étoit autrefois de l'Academie du grand Duc de Toscane à Florence, où il étoit en grande reputation, qui travaille ici avec beaucoup de succés dans l'Astronomie, où même il fait assez souvent des Découvertes ; ce qui fait que le Roi lui donne une pension considerable. M. de la Hire, M. Couplet qui enseignent les Mathematiques aux Pages de la grande Ecurie, defsunt M. l'Abbé Picard en étoit aussi, mais la place n'est n'eſt pas encore remplie. M. Hugens Hollandois y a un appartement, quoi qu'il n'y demeure pas ordinairement. Ces Meſſieurs s'aſſemblent à certains jours, où ils ſe communiquent les Obſervations qu'ils font en particulier ; & quelquefois même ils les font imprimer pour la ſatisfaction du Public. Tous les ans M. Caſſini donne an commencement de l'Année un petit Volume intitulé, *la Connoiſſance des temps*; dans lequel on peut voir le cours des Planetes, & d'autres choſes curieuſes de cette ſorte, beaucoup plus exactement & d'une maniere plus reguliere que tout ce qu'on a pû voir ſur ce ſujet juſqu'à preſent. Il y a une petite chambre quarrée ſur le devant de la Terraſſe, où ceux qui ſe parlent dans les angles oppoſez, peuvent facilement s'entendre, ſans que ceux qui ſont au milieu, s'en apperçoivent : cela ſe fait ainſi à cauſe qu'elle eſt voûtée & que les angles rentrans ſont perpetuez dans la Voute d'un côté à l'autre, ſans aucun empêchement.

Aprés l'Obſervatoire on doit en ſortant voir

LA MAISON DES EAUX qui eſt proche la porte, par laquelle il faut ſortir pour venir dans la ruë d'Enfer. Cette maiſon a été bâtie pour recevoir toutes les eaux qui viennent du Village de Rongis par le bel Aqueduc que Marie de Medicis a

 fait

fait bâtir à Arcüeil, & que les Curieux ne doivent pas negliger d'aller voir comme un des plus beaux qu'il y ait en France. Il faut seulement sçavoir, que la plûpart des Fontaines de Paris viennent de ce Reservoir, qui a sa premiere décharge à Luxembourg, d'où aprés les eaux se divisent dans tous les Quartiers de la Ville.

En rentrant dans la Ville par la ruë d'Enfer, on trouvera d'abord

LA MAISON DES PERES DE L'ORATOIRE, que l'on nomme L'INSTITUTION, qui leur sert de Noviciat. L'Eglise en est assez bien bâtie : mais il n'y a rien de singulier.

Ensuite il faut aller voir

LE COUVENT DES CHARTREUX:

CE Monastere a été fondé par le Roi saint Loüis, qui donna aux Religieux de saint Bruno le vieux Château de Vauvert où les Diables habitoient, à ce que disent les Historiens de ce temps-là, qui faisoient même de si grands desordres, que la Porte qui conduit pour y aller, fut bouchée par Arrêt du Parlement. La Ruë qui est devant, en a encore retenu le nom ; & c'est pour cette raison qu'elle est appellée LA RUE D'ENFER. Dés que ces bons Peres y furent établis, ils

en

en chafferent bien-tot les malins Efprits ;
& faint Loüis touché de la vie auftere &
toute fainte qu'ils y menoient , les vint
vifiter avec toute fa Cour , & leur donna
des terres & du domaine qui fuffifoit pour
leur entretien. Plufieurs perfonnes même
contribuerent à la Fabrique de leur Maifon , qui occupe à prefent un plus grand
terrain que pas une autre qui foit dans toute l'étenduë de la Ville & des Faux-bourgs
de Paris. Outre que les Cellules font grandes , & qu'elles ont un Jardin feparé , il y
a encore un fort grand Clos , qui contient
plufieurs arpens de terre , qui entoure toute la maifon. L'Eglife n'a rien de beau que
les Chaifes des Religieux , que l'on a fait
faire depuis deux ans , qui font les mieux
travaillées que l'on ait encore vû. La menuiferie en eft tout-à-fait belle , ornée de
Sculptures , qui font un bel effet. Ce font
de petits Pilaftres Corinthiens , qui foûtiennent une Corniche. Un Frere de la
maifon les a deffinées , & a conduit tout
l'ouvrage. On commence à mettre des
Tableaux fur les tremeaux entre les croifées. Le premier qui eft déja pofé eft de
M. Audran , le deuxiéme de M. Coipel , &
avec le temps tout le Chœur en fera garni,
ce qui embellira confiderablement cette
Eglife.

Le petit Cloitre qui eft à côté , eft tout
çe qu'il y a de plus rare & de plus fingulier

D 4

chez

chez ces Peres. Il est orné d'une Architecture Dorique en Pilastre, avec des Tableaux dans les arcades, qui representent la
Vie de saint Bruno leur Fondateur, & des
Cartouches entre deux, où cette même
vie est décrite en Vers Latins. Les Tableaux
qui se trouvent dans les angles, representent des veuës de quelques lieux remarquables; entre autres de la Ville de Rome, de
la grande Chartreuse proche la Ville de
Grenoble, celle de Paris du côté du Louvre, comme elle étoit avant qu'on eût
abatu la vieille Tour & la Porte neuve, qui
n'étoit pas loin du Pont Rouge; les autres
sont des caprices du Peintre. Toute la Peinture de ce Cloistre est de LE SUEUR, qui
n'a rien fait de plus beau que ces Pieces-ci;
aussi pour les conserver, l'on y a fait mettre depuis quelque temps, des volets de
bois qui les cachent, & qui empêchent
que l'on ne les gate, comme quelques ja-
loux du merite de la reputation de cét
homme incomparable avoient commencé
à faire. On ne découvre ces Tableaux que
dans de certains jours, ou bien lors que
quelques Curieux demandent à les voir. Il
est constant qu'on ne peut pas voir de plus
belles Peintures que celles-ci, & l'on eut
encore vû des choses infiniment plus par-
faites, si ce Peintre eût vécu davantage.
Mais son destin a été pareil à celui de Raphaël, qui mourut dans un âge où son ad-
mi-

mirable genie commençoit à se faire connoitre. Ce qu'il y a encore dans cette Maison est le Refectoire, qui est fort clair, où
ces Religieux ne mangent que les Fêtes,
les Dimanches & les Jeudis: les autres jours
ils prennent leurs repas en particulier dans
leurs Cellules, qui sont disposées en quarré autour du Cimetiere. Elles sont compo-
sées de quatre ou cinq petites chambres de
plein-pié, boisées par tout & fort simple-
ment meublées. Chez quelques-uns de ces
Peres il y a des Biblioteques assez curieuses,
& le Pere Vicaire en a une, que l'on
estime beaucoup. Quelques-uns d'entre
eux travaillent à des Ouvrages industrieux,
pour passer plus doucement le temps de
leur solitude, qui est tres-rigoureuse, puis
qu'il ne leur est pas permis de sortir de la
maison, & qu'ils ne peuvent recevoir de
visites qu'à certaines heures : aussi un de
nos Historiens a-t-il tres judicieusement
remarqué, que la principale raison qui a
fait que ces bons Religieux ont mieux conservé la pureté de leur premier Institut que
les autres, est qu'ils ont évité avec un soin
extréme le grand commerce du monde, &
les visites des femmes, qui sont deux
écüeils dangereux pour la Vie Monasti-
que.

Tout proche les Chartreux, est un petit
Couvent DE FEUILLANS qui n'a rien
d'extraordinaire : mais dans une maison
voi-

voisine chez M.... il y a un Jardin tres-pro-
pre du dessein de M. le Nôtre.

Delà on doit descendre vers la Porte
saint Michel , qui a été abatuë depuis
deux ans , pour donner plus d'ouverture à
ce quartier , qui étoit fort serré auparavant.

Dans le lieu où étoit la Porte , on a bâti
une Fontaine sous une grande Arcade en
maniere de Niche , avec un petit portique
d'ordre Dorique dessous , dont les ornemens ne sont pas encore achevez. La Ruë
de la Harpe se trouve en cét endroit, & tout
d'une même suite , on peut aller à

LA SORBONNE.

CEtte belle Maison demande pour
étre examinée une application
particuliere , puis qu'elle fait un
des principaux ornemens de Paris ; soit à
cause de la reputation des Sçavans qui en
sortent ; ou soit enfin par la beauté de
l'Architecture dont elle est bâtie. Le Cardinal de Richelieu l'a fait embellir comme
elle est à present. Auparavant ce n'étoit
qu'un vieux College , dont la structure
étoit fort simple , quoi que le lieu fût déja
en fort grande reputation. Elle a été premierement fondée par Robert de Sorbonne, Aumônier dn Roi saint Loüis , qui
même lui fournit dequoi faire la fondation ;

tion; comme il paroît par cette Inscription dans l'Eglife, gravée fur une lame de cuivre.

LUDOVICUS REX FRANCORUM, SUB QUO FUNDATA FUIT DOMUS SORBONÆ. CIRCA ANNUM DOMINI. M. CCLII.

Le Cardinal de Richelieu qui ne cherchoit qu'à immortalifer fon nom, fit rebâtir ce College, & n'épargna rien pour le rendre magnifique. Il fe fervit pour cela du fieur Mercier, habile Architecte, qui conduifit l'ouvrage, aprés quelques années de travail, au point de perfection où l'on le voit à prefent. Cependant il ne fut pas entierement achevé à caufe de la mort, qui ne lui permit pas d'y mettre la derniere main : ce que l'on doit remarquer d'abord, eft la place quarrée devant la porte de l'Eglife, qui a une iffuë dans la ruë de la Harpe, par le moïen de quelques maifons que l'on a abatuës du College des Treforiers : cette place n'eft pas des plus grandes, à la verité, mais cependant elle n'en eft pas moins belle. A droite & à gauche elle eft bornée d'affez belles Maifons. D'un côté elle a un grand corps de logis de maçonnerie en Boffage ruftique à deux étages, où eft la Claffe de Theologie pour les

Ecoliers Externes, qui viennent prendre
Leçon le matin & l'aprés midi de six Docteurs qui changent d'heure en heure, trois
le matin & trois l'aprés midi. Cette Claffe eft grande & élevée, & quelquefois on
s'en fert lors qu'il y a quelque Thefe à foûtenir par une perfonne de qualité, A main
droite de cette place eft la Chapelle du College de Cluni, qui ne laiffe pas de faire un
bon effet, quoi qu'elle foit gottique, en
occupant prefque une face entiere de cette
place, & en difpofant les yeux à remarquer avec plaifir la difference groffiere &
ruftique de bâtir des fiecles paffez, d'avec
la maniere reguliere & étudiée de celui-ci.
A l'entrée de cette place, fi l'on jette les
yeux fur le Portail de l'Eglife, l'on ne
ttouvera rien, qui fatisfaffe davantage
Les proportions font fi juftes & les points
de veuës fi bien ménagez, que les parties
les plus éloignées de cét Edifice femblent
être placées fur le Portail, & être mifes à
l'endroit, où elles font, pour lui fervir
d'ornemens particuliers. Le Dôme n'eft
pas des plus élevez, il eft aecompagné
comme celui du Val de Grace, de quatre
autres petits, de Statuës avec des bandes
de plomb doré & d'une baluftrade de fer
fur le plus haut, autour de la petite Lanterne qui fait le comble de tout l'ouvrage.
Toutes ces chofes differentes fe raportent fi
bien les unes aux autres, que l'on ne pent
desi-

defirer une plus belle ordonnance. Le Portail de l'Eglife eft à deux Ordres de colonnes, Corinthiennes & Compofites; & le
fecond rang eft feulement en pilaftre. En
haut & en bas dans les entre-colonnemens
il y a des niches, où l'on a placé des Statuës d'une tres-bonne maniere, auffi bien
que celles qui fe trouvent fur les dehors de
l'Eglife, & dans l'interieur entre les Pilaftres Corinthiens, qui foûtiennent la
Voûte. Le dedans eft petit & n'a pas toute
la clarté qu'il pouroit avoir ; cependant
tout y eft bien difpofé, le pavé eft de marbre, & le Dôme eft fort bien peint, auffi
bien que les quatre Peres de l'Eglife, qui
font entre les Arcades qui le foûtiennent,
qui font à frefque & d'un coloris fort rem-
bruni. Le grand Autel n'eft pas encore
commencé, & fans doute il fera magnifique fi l'on fuit les deffeins que l'on a veu. Il
doit être tout de marbre, compofé de fix
grandes colonnes jafpées, avec leurs chapiteaux & tous les autres ornemens de
bronze doré à feu. Les petits Autels qui
font déja faits, font juger que fi le grand
Autel eft du même goût, on ne poura gue-
res rien voir de plus beau. L'Autel de la
Vierge eft achevé depuis peu ; il eft auffi de
marbre blanc avec des ornemens de bronze
doré, qui font un effet admirable. Delà on
doit aller dans l'interieur de la maifon, au
milieu de laquelle eft une cour quarrée

D 7   tout

tout entourée de bâtimens , dont une partie eſt plus élevée que l'autre ; ce qui donne
un air de grandeur & de majeſté au portique de l'Egliſe. Si on le regarde de ce côté , il eſt difficile de rien voir qui ſatisfaſſe
davantage la veuë. Il paroît au fond de cette cour élevé ſur quinze degrez , compoſé
de dix groſſes colonnes Corinthiennes ,
détachés du corps du bâtiment , de plus de
ſix piez , qui ſoûtiennent un Fronton,dans
lequel ſont les Armes du Cardinal de Richelieu , avec deux Statuës à chaque côté.
Sur la friſe cette Inſcription eſt gravée.

ARMANDUS   JOANNES   CARD.
DUX DE RICHELIEU , SORBONÆ
PROVISOR , ÆDIFICAVIT DOMUM
ET EXALTAVIT TEMPLUM SAN-
CTUM DOMINO.
M. DC. XLII.

Sous ce beau portique on trouve la porte
de l'Egliſe , qui eſt de la même diſpoſition
que celle de la Rotonde à Rome , que l'Architecte a tâché d'imiter autant qu'il a pû.
Tous les Appartemens qui ſont autour de
cette cour , ſont occupez par des Docteurs
de la Maiſon , qui ont un droit particulier
d'y être logez. Quelques-uns de ces Meſſieurs ont des Biblioteques tres-jolies ,
mais que l'on ne voit pas commodement
comme la grande , qui eſt commune à toute

te la Maiſon, où les Docteurs peuvent venir travailler. Elle eſt fort longue & fort
élevée, & occupe le deſſus des deux grandes Salles baſſes, dans leſquelles on ſoûtient les Theſes & les Sorboniques. Mr. le
Maſle, Prieur des Roches, Chantre de
Nôtre Dame, & Secretaire du Cardinal de
Richelieu, a donné la plus grande partie
des Livres qu'on y voit, qui ſont tres-bien
conditionnez. Monſieur le Cardinal y fit
mettre auſſi les ſiens, entre leſquels il y
avoit de tres-rares Manuſcrits, que l'on
peut diſtinguer des autres à cauſe de ſes Armes, qui ſont deſſus. Il y en a un entre
autres de *Tite-Live* en deux grands Volumes *in folio*, ſur du Velin, d'une vieille
Traduction Françoiſe environ du Regne de
Charles V. enrichi de miniatures au commencement de chaque Chapitre & de Vi-
gnettes ſur les marges, qui ſont tres-bien
peintes avec de ce bel or couleur, dont on
a perdu le ſecret depuis deux ſiecles, qui
s'emploïoit comme les couleurs ordinai-
res, & qui étoit d'un brillant admirable
ſans ſe caſſer. Il y en a encore pluſieurs
tres-rares dans une des Armoires du bout,
à côté de la Cheminée, reliez la plûpart
en Marroquin rouge. Il ſe trouve dans cette Biblioteque un plus grand nombre de
Livres de Theologie, que d'aucune autre
ſorte. On y verra encore une quantité de
Bibles differentes, que l'on a recherchées

avec

avec un tres-grand foin. A chaque bout il
y a deux Cheminées, fur lefquelles font
les Portraits de Monfieur le Cardinal, en
habit de ceremonie , & de Monfieur le
Mafle, peints tous deux de leur grandeur.
Sur celle qui eft proche de la porte , il y a
un Buft de bronze, du premier , de l'ouvrage du fieur Varin , qui vient de la fucceffion de la Duchefle d'Aiguillon , qui
aprés fa mort l'a laiffé à cette Maifon, avec
d'autres biens dont elle avoit la joüiffance
fa vie durant , felon le Teftament du Cardinal de Richelieu . fon Oncle. Il y a encore une autre petite Biblioteque dans un
endroit particulier de la Maifon , mais qui
n'eft remple que des Livres doubles de la
grande , ou de ceux qui n'y ont pû tenir ,
à caufe que tous les jours le nombre en au-
gmente par les prefens que la plûpart des
Auteurs font de leurs ouvrages. Le Roi
même a donné toutes les belles Eftampes
qu'il a fait graver, dont il y a quatre ou
cinq grands Volumes *in folio*, reliez tres-
proprement, qui font le Carouzel , les
Tapifferies, les Diffections curieufes que
l'on a fait à l'Academie des Sciences, &
quelques autres : ainfi l'on doit confiderer
cette Bibloteque comme une des plus nombreufes & des plus belles que l'on puiffe
voir, quoi qu'elle ne foit pas encore parfaite : mais elle a cela de commun avec celles qui ont été en plus grande eftime ,

étant

étant presque impossible de rendre une Biblioteque complete, à cause de la difficulté qu'il y a de recouvrer de certains Livres
rares, qui souvent en font la principale
beauté ; & que l'on ne trouve qu'avec
une tres grande peine : outre que depuis
l'impression le nombre des Livres est si fort
augmenté, & l'on en a fait de tant de fortes dans tous les endroits du Monde, que
l'on ne peut absolument les avoir tous.

Sur la porte de l'Eglise du côté de la Place est encore cette Inscription.

DEO OPT. MAX.
ARMANDUS CARDINALIS
DE RICHELIEU.

Aprés avoir vû ce qu'il y a de plus beau
dans la Sorbonne, l'on prendra le chemin
de la Ruë de la Harpe, en passant une seconde fois à travers la Place, qui est devant
l'Eglise, & l'on viendra au

COLLEGE D'HARCOUR, un
des plus beaux de l'Université, & où l'on
tient exercice pour les basses Classes, qui
sont assez bien remplies de Pensionnaires
& d'Externes. La porte en est belle & d'un
dessein assez regulier ; elle est en voûture
ornée de boslages, avec un grand entable-
ment & un attique au dessus. Si on avoit
fait une place devant, elle paroitroit beaucoup davantage.

En

En defcendant plus bas on paffera devant LES COLLEGES DE JUSTICE , de BAIEUX, de NARBONNE , & devant celui de SE'EZ , où les Ecoles ont ceffé depuis quelques années.

Plus bas eft l'Eglife de S. COSME, où il n'y a rien de remarquable , fi ce n'eft l'Epitaphe de Monfieur Dupuy , fi connu des gens de Lettres.

La Maifon de faint Cofme eft tout proche ; c'eft-là où les Chirurgiens s'affemblent ordinairement pour faire des Diffections anatomiques fur des Cadavres humains , & fur lefquels ils font fouvent des Difcours fort fçavans.

Vis-à-vis la ruë de Sorbonne , dans la ruë des Mathurins , eft

L'HOTEL DE CLUNI , qui appartient à l'Abbaïe de ce nom. Cét Hôtel fe nommoit autrefois le *Palais des Termes* , à caufe de quelques ruines qui font reftées , à ce que l'on croit , des Termes de l'Empereur Julien l'Apoftat , & même il ne faut pas negliger d'aller dans une maifon de la ruë de la Harpe , à l'enfeigne de la Croix de Fer , où loge le Meffager de Chartres , dans laquelle on verra plufieurs vieilles Arcades , qui marquent une haute antiquité , & dans le fonds une efpece de Salle , dont la Voute fans cordons eft fort élevée , qui pouroit bien avoir fervi de quelque Temple profane. Les trois niches
qui

qui font dans le mur meridional, pouroient encore foûtenir cette conjecture , parce qu'il paroît qu'elles ont été faites ainfi pour des Statuës ; mais on ne peut rien déterminer là-deffus , & le filence des Hiftoriens donne la liberté de former tel jugement qu'il plaira. Ces reftes font parfaitement bien bâtis , & font juger que c'êtoit autrefois un grand édifice. La Voûte en eft fi folide , que l'on a porté deffus affez de terre pour en faire un petit Jardin, où il y a des Fleurs & des petits Arbres , qui y croiffent, & ceux qui demeurent dans l'Hôtel de Cluni , s'y viennent promener comme fur une Terraffe , que l'on auroit bâtie exprés.

Voilà tout ce que l'on poura voir dans cette Ruë. Plus avant & au bout de la ruë de la vieille Bouclerie, qui fe termine à la petite place à l'entrée du Pont faint Michel , proche une maifon , qui fait prefque le coin, on trouve une groffe pierre qui fert de borne , fur laquelle eft la figure affez mal formée d'un homme , mais dont on peut cependant facilement diftinguer la tête. Les Hiftoriens difent que c'eft la reprefentation d'un certain *Jean le Clerc,* Serrurier de profeffion , & Portier de la porte de Buffi; qui dans le temps des troubles du Regne de Charles VI. aprés que les Parifiens eurent chaffé les Bourguignons de la Ville , où ils faifoient mille defordres,

eut

eut la perfidie de leur ouvrir la porte une nuit ; ce qui mit tous les Bourgeois en allarme. Enfuite de tant de defordres, les Parifiens aïant voulu pourfuivre celui qui en étoit l'auteur, & n'aïant pû le prendre à caufe qu'il avoit pris la fuite, ils firent faire fon effigie en pierre, & par Sentence du Prevot de Paris, il fut ordonné que tous les Habitans iroient lui jetter quelque chofe au vifage, en deteftation de fa perfidie, ce qui fut executé. L'on plaça depuis cette Statuë en cét endroit, pour empêcher que les rouës des Carroffes ou des Charrettes n'endommageaffent la maifon, contre laquelle elle eft appuïée. A main gauche en tournant, on entrera dans

LA RUE SAINT ANDRE' DES ARCS. L'Eglife Paroiffiale qui lui donne le nom, eft confiderable pour bien des chofes, que les Curieux y verront. Ce n'étoit autrefois qu'une petite Chapelle, qui étoit au milieu d'un Champ planté de Vignes ou d'arbres fruitiers, qui appartenoient aux Religieux de l'Abbaïe de faint Germain des Prez. Mais il y a long temps que toutes ces chofes font changées. On croit que cette Eglife eft nommée *faint André des Arcs*, à caufe qu'il y avoit quelques vieilles Arcades qui en étoient proche. Le bâtiment n'a rien du tout de fingulier, mais cependant il ne faut pas negliger d'y aller voir les Tombeaux de quelques perfonnes

il-

illuſtres ; comme ſont *Meſſieurs de Thou*, que l'on voit dans la Chapelle de ſaint Chriſtophe, dont ils ſont les Fondateurs. Le nom de ces grands hommes eſt dans une ſi haute veneration parmi les Sçavans, que la plûpart ne font pas de difficulté de dire que la France n'a pas produit de plus illuſtres Perſonnnages, & on regarde l'Hiſtoire que l'on a d'eux, comme le modele & comme la plus belle choſe de ces derniers ſiecles. Elle eſt écrite en Latin, ce qui a donné occaſion aux Etrangers de la lire & d'en concevoir une ſi grande eſtime, que de tous les Livres d'Hiſtoire, c'eſt celui auquel ils s'attachent avec plus d'aſſiduité. Dans cette Chapelle on voit le Buſt en marbre de Monſieur de Thou, avec ſon Epitaphe, qui explique au long les grands emplois qu'il a eu.

D. O. M.

Chriſtophoro Thuano Auguſ. F. Jac. Equiti, qui omnib. Toga munerib. ſumma cùm eruditionis, integritatis, prudentiæ laude perfunctus, ampliſſimoſque honores ſub Franc. I. Henric. II. Regib. conſecutus, Senatus Pariſ. Præſes deinde Princeps ſacri Conſiſtorij Conſiliarius, mox Henr. tunc Aurel. ac demùm Franc. Andeg. D. Cancellarius: Tandem cum de Judiciario ordine emendando quæſtura Regno fraudib. ac rapinis vindicando,

&

*& Scholar , disciplina restituenda cogitaret ,
nulla inclinatæ ætatis incommoda anteà exper-
tus , ex improvisa febri decessit.*

UXOR LIBERIQUE MOER. P.
VIXIT ANN. LXXIV. D. 5.
OBIIT ANNO SALVTIS 1582. CA-
LEND. NOVEMB.

On peut aussi voir dans cette même Chapelle l'Epitaphe de son fils aîné , & d'autres
personnes de cette illustre Famille , qui y
sont enterrées.

Dans la Chapelle de saint Antoine qui
est proche , sont les Tombeaux des An-
cêtres du CHANCELIER SEGUIER , à
qui les belles Lettres doivent en France une
tres-grande partie de leur éclat. Ces illustres Peres d'un fils qui ne les a point dé-
menti , se nommoient comme lui Pierre
Seguier , & occupoient dans leurs temps les
premiers Charges du Parlement , comme
l'on le connoît par les Inscriptious qui sont
dans cette Chapelle.

On poura lire dans cette même Eglise
l'Epitaphe de la Princesse de Conti, decedée
en 1668. dont la pieté est encore en veneration à tout le monde : il est dans le Chœur
à côté du grand Autel. On a mis dessus une
belle figure de marbre blanc , qui represente une Esperance affligée ; elle est de M.
Girardon. Au dessous est cette Inscription.

A

A LA GLOIRE DE DIEU
ET A LA MEMOIRE ETERNELLE
D'ANNE-MARIE MARTINOZZY,
PRINCESSE DE CONTY.

Qui detrompée du monde dés l'âge de XIX, ans, vendit ses pierreries pour nourrir pendant la famine de 1662. les pauvres de Berry, de Champagne, & de Picardie, pratiqua toutes les austeritez que sa santé put souffrir, demeura veuve à l'âge de XXIX. ans, consacra le reste de sa vie à élever en Princes Chrêtiens les Princes ses Enfans, & à maintenir les Loix temporelles & ecclesiastiques dans ses Terres, se reduisit à une dépence tres-modeste, restitua tous les biens dont l'acquisition lui fut suspecte jusqu'à la somme de D.C.C, mille livres, distribua toute son épargne aux Pauvres, dans ses Terres & dans toutes les parties du Monde, & passa soudainement à l'éternité aprés XVL. ans de perseverance, le IV. Feurier M. DC. LXXII. âgée de XXXVI. ans.

Priez Dieu pour elle.

LOUIS ARMAND DE BOUR-
BON, PRINCE DE CONTI,
ET FRANCOIS-LOUIS DE
BOURBON, PRINCE DE LA
RO-

ROCHE-SUR-YON, les Enfans ont posé ce Monument.

Dans tout ce Quartier il n'y a rien de considerable que

L'HOTEL DE THOU, où demeuroient autrefois les illustres de ce nom, qui l'ont fait bâtir. La fameuse Biblioteque dont on a parlé, que Monsieur de Menars a achetée depuis quelques années, y a long-temps été gardée.

L'HOTEL DE MEGRIGNI n'en est pas éloigné, c'est aussi dans la ruë des Poitevins : ce dernier est bâti avec beaucoup de regularité, & quoi que les appartemens n'en soient pas fort spacieux, ils ne laissent pas d'être commodes.

Dans LA RUE HAUTE-FEUILLE, à l'extremité du côté des Cordeliers, est

LE COLLEGE DE PREMONTRE', où les Religieux de cét Ordre peuvent venir étudier, pour obtenir des Degrez dans l'Université. l'Eglise a été considerablement reparée depuis quelques années, par les soins de Monsieur Colbert, Abbé, & General de tout l'Ordre ; qui l'a fait revétir par tout d'une fort jolie menuiserie.

LE

LE COUVENT DES CORDELIERS.

CE Monastere fut bâti environ l'année 1217. sous le Pontificat du Pape Honoré III. lors que saint François vivoit encore à Assise en Italie. Il vint en France quelques Religieux du nouvel Ordre, dont ce grand Saint étoit Instituteur. Les premiers qui arriverent à Paris, furent logez chez des Bourgeois : mais ensuite à la solicitation du même Pape, qui écrivit en leur faveur à Guillaume Evéque de cette Ville, ils se firent connoître ; & en l'année 1230. Eudes Abbé de saint Germain des Prez, leur donna le lieu où ils sont à present. Les Rois de France leur firent ensuite de grands biens : Saint Loüis leur donna plus que les autres ; il fit bâtir l'Eglise, non pas comme elle est à present ; mais comme elle étoit avant l'incendie, qui arriva en 1580. qui la reduisit toute en cendres avec une partie du Couvent, & qui ruina plusieurs Tombeaux de marbre des Princes & des Princesses du sang Roïal, qui étoient dans le Chœur, dont à peine a-t-on la memoire. Cependant au raport de Gilles Corozet, voici les principaux. Celui de Marie Reine de France & femme de Philippes le Hardi, fils de saint Loüis : de Jeanne Reine de France & de Navarre, fem-

me de Philippes le Bel , Fondatrice du College de Navarre, dont on a parlé: le Chœur
de Philippes le Long , & d'autres qu'il feroit hors de propos de nommer. La Communauté des Cordeliers eft une des plus
nombreufes de Paris, il y a toûjours un
grand nombre d'Etudians , qui viennent
de divers endroits du Roïaume fe faire paffer Docteurs en Theologie , ce qui les met
en confideration parmi eux. On a vû fortir de tres-grands Hommes de cette Maifon , entre autres NICOLAS DE LIRA , eftimé le plus fçavant de fon fiecle dans les
Langues , & fur tout en Theologie , &
JEAN SCOT furnommé *le Docteur Subtile*,
qui par fa profonde fcience , a donné lieu
à une opinion particuliere que l'on enfeigne & que l'on fuit dans leurs Ecoles , qui
eft neanmoins fondée fur les principes
d'Ariftote. Tout ce qu'il y a de curieux à
voir chez ces Peres , eft le nouveau Cloître
qu'ils ont fait bâtir , qui contient prés de
cent chambres , toutes tres propres &
tres-claires : il eft en quarré. Au milieu il
a un petit Jardin orné d'un parterre avec
une Fontaine. Les quatre coridors qui le
compofent , font voûtez & ornez des Armes des perfonnes pieufes , qui ont contribué à la dépence de ce bâtiment , qui n'a
pas été petite. Le Refectoire , le Chapitre
& la Biblioteque meritent auffi que l'on fe
donne la peine d'y aller. Pour l'Eglife elle

n'a

n'a rien de curieux. Il y a deux celebres Confrairies ; une pour les Pelerins de Jerusalem, & l'autre du Tiers Ordre de saint François. qui ont leurs Chapelles separées. Il faut remarquer en sortant la Statuë de saint Loüis qui est sur la porte ; elle est estimée par les Antiquaires, comme une des plus ressemblantes que l'on ait de ce grand Roi.

Ce Quartier a êté fort embelli depuis quelque temps, on a percé deux ruës qui vont sur les Fossez de l'Hôtel de Condé, dans celle qui est la plus proche du Couvent des Cordeliers, l'on a ménagé une petite place devant la porte de l'Eglise, qui n'est pas inutile, elle se nomme LA RUE DE L'OBSERVANCE, & l'autre LA RUE DE TOURAINE, à cause de l'Hôtel de Tours, qui n'en est pas éloigné.

LA PORTE SAINT GERMAIN, que l'on a abatuë depuis quelques années, êtoit assez proche. On a bâti une Fontaine à la place, sur laquelle est cette Inscription.

URNAM NYMPHA GERENS DOMI-
NAM TENDEBAT IN URBEM,
HIC STETIT, ET LARGAS LÆTA
PROFUDIT AQUAS. 1675.

LE FAUX-BOURG

SAINT GERMAIN.

Epuis que l'on a abatu quatre Portes, qui separoient ce Fauxbourg
du reste de la Ville, on le nomme

LE QUARTIER SAINT GERMAIN

Est sans contredit plus beau & plus grand
que les autres, à cause de son étenduë, du
nombre de ses belles Maisons, & de la
quantité du peuple qui s'y trouve ; ce qui
fait que l'on peut le comparer à quelques
grandes Villes qui font du bruit dans l'Europe, selon même le sentiment des Etrangers, à qui la demeure en paroît si agreable, qu'ils l'ont preferée à toutes les autres de la Ville. Ce n'est pas sans raison,
puis que toutes les commodites y abon-
dent, & que l'air y est tres-pur, les maisons étant separées par plusieurs Jardins.
Outre ces avantages, tous les Exercices
s'y enseignent, & il n'est peut-être aucune

Ville

Ville dans le Monde, où l'on puisse conter six Academies comme dans ce quartier ; réplies la plûpart de tout ce qu'il y a d'illustre Jeunesse de France & d'Allemagne, qui y viennent apprendre toutes les choses qui rendent un Gentilhomme accompli & capable d'acquerir de la reputation dans le monde. On a quelquefois conté dans un Hyver douze Princes Etrangers, & plus de trois cens Comtes ou Barons, sans un bien plus grand nombre de simples Gentilshommes, que la reputation de la France attiroit pour apprendre nostre Langue avec un soin extréme, & pour faire des Exercices que l'on n'enseigne point chez eux dans la même perfection. Les six Academies portent le nom des principaux Ecüiers qui y montrent, qui sont

M. Coulon, proche saint Sulpice.

Mr. Bernardi, proche l'Hôtel de Condé.

Mr. de Long-prect, au bout de la Ruë de sainte Marguerite.

Mr. de Rocfort, dans la Ruë de l'Université.

Mr. de Vandeüil, dans la Ruë de Seine.

Mr..... sur les Fossez de Monsieur le Prince.

Ce Quartier prend son nom de l'Abbaïe

Ro·

Roïale de S. Germain des Prez placée au milieu, qui est une des plus anciennes & des plus riches du Roïaume, dont il faut parler en particulier.

L'ABBAIE SAINT GERMAIN DES PREZ.

LE Roi Childebert, fils du grand Clovis, en est le Fondateur. Mr. de Mezeray raporte les particularitez de cette fondation. Il dit que ce Roi étant allé en Espagne en l'année 543. pour faire la guerre aux Visigots, il assiegea la Ville de Sarragosse, où ils s'étoient refugiez. Les Habitans se voïant fort preslez par les François, voulurent, à l'imitation des anciens Romains, les toucher par quelque chose de surprenant. Ils s'aviserent de faire une Procession autour de leurs murailles, où ils porterent la Tunique & les Reliques de saint Vincent. Ce spectacle effectivement toucha Childebert & le fléchit, en telle sorte qu'il se contenta de quelques presens que l'Evêque lui fit, entre autres de la Tunique & des Reliques de ce Saint, qu'il apporta à Paris; à l'honneur duquel il fit bâtir l'Eglise dont on va parler.

Cette Abbaïe a eu plusieurs noms, elle a été autrefois appellée sainte Croix, à cause d'une portion de ce bois sacré, que Childebert y mit aussi avec les autres choses

qu'i

qu'il avoit apportées : maintenant elle porte le nom de faint Germain , qui en a été
Abbé & Evêque de Paris , & qui y eft enterré. L'on y expofe fa Chaffe le jour de fa
Fête , qui arrive le vint huitiéme de May,
laquelle eft d'argent doré , ornée de quantité de pierreries : elle eft d'un ouvrage gottique des plus curieux & des plus beaux que
l'on puiffe voir. Ce qui refte du bâtiment
de Childebert , eft la porte principale au
bout de l'Eglife & le gros Clocher qui eft
deffus , qui paroiffent fort antiques : les
Statuës des Rois & des Reines qui font aux
côtez de cette porte , font d'un deffein qui
fait juger que dans ce fiecle là le goût de la
belle fculpture   n'étoit pas encore connu ;
car à peine peut-on diftinguer les fexes des
perfonnes qui font reprefentées. Le Tombeau de ce Roi eft au milieu du Chœur , é-
levé environ de deux piez & demi, avec des
Infcriptions qui y ont été ajoûtées , lors
qu'on le transfera en cét endroit, de la
Chapelle de faint Germain   où il étoit
derriere le Chœur. Cette tranflation fe fit il
y a trente ou quarante ans , lors que l'E-
glife fut reparée & embellie comme elle
eft. On y fit une Voûte à la place d'un lam-
bris qui y étoit , & l'on orna de chapiteaux Corinthiens les piliers qui la foûtiennent. Cette Eglife ne doit pas être regar-
dée à prefent comme une chofe fort curieu-
fe ; cependant la difpofition où elle fe trou-

ve eſt aſſez ſinguliere. Le grand Autel eſt
au milieu de la croiſée & iſolé, en ſorte que
l'on peut tourner tout autour. Sur le devant
eſt la table d'argent vermeil doré, qui
ſert de parement que l'on découvre les
jours de Fêtes. Elle eſt ornée de figures
d'Apôtres avec un Crucifix au milieu, d'un
travail antique qui n'eſt pas méchant. C'eſt
un preſent de Guillaume Abbé de cette
Maiſon, dont le corps fut trouvé tout entier il n'y a pas long-temps, quoi qu'il y ait
pluſieurs ſiecles qu'il ſoit mort. Le Chœur
où chantent les Religieux eſt derriere, dont
les Chaires ſont d'une tres-belle menuiſerie. Aux piez du Tombeau de Childebert
on lira l'Epitaphe qui ſuit, de Monſieur le
Duc de Verneüil, fils naturel de Henri IV.
qui avant que d'être marié à Madame la
Ducheſſe de Sully, avoit été Evêque de
Merz & Abbé de S. Germain. Cét Epitaphe eſt du ſçavant Dom Jean Mabillon.

SERENISSIMO PRINCIPI
HENRICO BORBONIO,
DUCI VERNOLIENSI,
Cujus COR HOC LOCO POSITUM EST,
OPTIMO QUONDAM PATRONO SUO
BENEDICTINA RELIGIO,
QUAM VIVENS SEMPR IN CORDE HABUIT,
CUI MORIENS COR SUUMCOMMENDAVIT,
HUNC TITULUM P.
ANNO CIↃ.IↃↃ, LXXXII.

De

Depuis quelque temps on a auſſi entrrée
aſſez proche de ce monument, Monſieœe
le Comte du Vexin, fils naturaliſé du
France, ſur le corps duquel eſt cette autre
Inſcription.

D. O. M.

EXPECTAT RESURRECTIONEM,
QUAM FIRMA SUPRA ÆTATEM FIDE
SPERAVIT,
SERENISSIMUS PRINCEPS
LUDOVICUS CÆSAR
BORBONIUS,
COMES VELIOCASSIUM,
LUDOVICI MAGNI FILIUS
QUI CONSUMMATUS IN BREVI
EXPLEVIT TEMPORA MULTA,
VIXIT
ANNOS X. MENSES VI. DIES XXII,
OBIIT
DIE X. JANUARII ANNI M. DC. LXXXIII.
APTUS EST
NE MALITI RMUT R T INTELLECTUM
EJUS,
UT VERO AMANTISSIMI FILII PERENNET
MEMORIA,
LUDOVICUS MAGNUS
ANNIVERSARIUM SOLEMNE
CUM PRIVATIS MISSIS DECEM
INSTITUIT.

A chaque côté du grand Autel il se trouve trois Tombeaux, qui sont ceux de quelques Rois de la premiere Race, comme de Chilperic, avec cette Inscription sur le bord, en lettres antiques.

REX CHILPERICUS HOC TEGITUR LAPIDE.

Celui de la Reine FREDEGONDE, qui est d'une espece de Mosaïque, de pieces rapportées avec des veines de Cuivre coulées dans la pierre. Cette Reine y est represenrée, qui tient dans sa main un Sceptre, dont le bout est terminé en double Fleur-de-Lis; ce qui pouroit faire croire que dans ce temps-là ces fleurs n'étoient pas inconnuës. La couronne qu'elle a sur la tête, pouroit encore autoriser cette pensée. Elle deceda à Paris en 601. CLOTAIRE second fils de Chilperic & de Fredegonde, & sa femme BERTRUDE, y sont aussi, de même que CHILDERIC second & sa femme. Ce Roi étoit fils de CLOVIS second, qui fut assassiné à la chasse dans le Bois de Bondis, par un Gentilhomme de Liege, nommé Bodile, qu'il avoit fait indignement foüetter sans respecter sa noblesse.

Avant que les Normans & les Danois eussent ruiné cette Eglise, on voïoit beaucoup d'autres Tombeaux de personnes illustres, dont la memoire est perduë. Les Rois

Rois de la premiere Race affectoient d'y
étre inhumez, comme ceux de la feconde
& de la troifiéme, ont choifi faint Denis.
Depuis peu de temps on a bâti deux tres-
jolies Chapelles d'une même fymetrie,
dans les deux aîles : elles font ornées de colonnes compofites de marbre veiné, avec
des piez d'eftaux garnis de même, aufli
bien que la frife ; celle qui eft à droite eft
dédiée à fainte Marguerite, dont ces l'eres
ont la Ceinture, que l'on met autour des
femmes enceintes, qui y ont une tres-
grande devotion. Le Tombeau de Meffieurs
de Caftelan eft vis-à-vis. Il eft de marbre
& du deffein de Mr. Girardon.

L'autre Chapelle eft dediée à faint Cafi-
mir Roi de Pologne, Patron du Roi Cafi-
mir mort en France, Abbé de cette Abbaïe ;
dont le cœur eft fous le monument, qui
eft à côté de cette Chapelle. Ce Roi y eft
reprefenté à genoü en marbre blanc, revétu de fes habits Roïaux, offrant à Dieu fon
Sceptre & fa Couronne, fur un Tombeau de
marbre noir, foûtenu d'un grand pié-
d'eftal, au devant duquel eft un bas relief
de bronze, qui reprefente une Victoire
qu'il a remportée fur les Turcs. Il eft un
des plus beaux que l'on puiffe voir, & l'on
n'en trouve guere de femblable. Un nommé Frere Jean Thibaut Convers de cette
Maifon l'a fondu ; qui paffe pour un des
plus habiles hommes qu'il y ait à prefent
E 6   dans

dans ces sortes d'ouvrages. De chaque
côté sont des Captifs Turcs enchaînez sur
des armes en maniere de trophée, Voici
l'Epitaphe que l'on y lit, qui est du Pere
Delfau Religieux de cette Abbaïe.

ÆTERNÆ MEMORIÆ REGIS ORTHODOXI.
HEIC

POST EMENSOS VIRTUTIS
AC GLORIAE GRADUS OMNES
QUIESCIT NOBILI SUI PARTE

JOHANNES CASIMIRUS.
POLONJAE
AC SUECIAE REX;

ALTO E JAGELLON DUM SANGUINE,
FAMILIA VASATENSI
FAMILIA VASATENSI

POTREMUS,

QUIA SUMMUS
LITTERIS, ARMIS, PIETATE.

MULTARUM GENTIUM LINGUAS
ADDIDIT, QUO ILLAS PROPENSIUS SIBI
DEVINCIRET.
SEPTEMDECIM PROELIIS COLLATIS

CUM

CUM HOSTE SIGNIS,
TOTIDEM UNO MINUS VICIT,

SEMPER INVICTUS.

MOSCOVITAS , SUECOS , BRANBEBURGENSES ,
TARTAROS , GERMANOS

ARMIS;

COSACOS , ALIOSQUE REBELLLES
GRATIA , AC BENEFICIIS

EXPUGNAVIT,

VICTORIA REGEM EIS SE PRAEBENS
CLEMENTIA PATREM.
DENIQUE TOTIS VIGINTI
IMPERII ANNIS ,
FORTUNAM VIRTUTE VINCENS,

AULAM HABUIT IN CASTI.
PALATIA
IN TENTORIJS,
SPECTACULA
IN TRIUMPHIS.

LIBEROS EX LEGITIMO CONNUBIO

SUSCEPIT, QUEIS POSTEA ORBATUS
EST, NE SI SE MAIOREM RELIQUIS-
SET, NON ESSET IPSE MAXIMUS,

SIN MINOREM, STIRPS DEGENERA-
RET. PAR EI AD FORTITUDINEM
RELIGIO FUIT,

NEC SEGNIUS CÆLO MILITAVIT,

QUAM SOLO.

HINC EXTRUCTA MONASTERIA ET
NOSOCOMIA VARSAVIÆ,
CALVINIANORUM FANA IN LITHUANIA
EXCISA,
SOCINIANI REGNO PULSI, NE

CASIMIRUM HABERENT REGEM,
QUI CHRISTUM DEUM NON
HABERENT.

SENATUS A VARIIS SECTIS AD
CATHOLICAE FIDEI COMMUNIONEM
ADDUCTUS,
UT ECCLESIAE LEGIBUS
CONTINERENTUR,
QUI JURA POPULIS DICERENT.
UNDE ILLI PRÆCLARUM

ORTHODOXI NOMEN
AB ALEXANDRO VII.
INDITUM.

HUM-

HUMANAE DENIQUE GLORIAE
FASTIGIUM PRAETERGRESSUS,
CUM NIHIL PRAECLARIUS AGERE
POSSET,

IMPERIUM SPONTE ABDI-
CAVIT ANNO M. DC.
LXVIII.

TUM PORRO LACRYMAE, QUAS NULLI
REGNANS EXCUSSERAT,
OMNIUM OCULIS MANARUNT,
QUI ABEUNTEM REGEM, NON SECUS
ATQUE OBEUNTEM PATREM,

LUXERE.

VITAE RELIQUUM IN PIETATIS
OFFICIIS CUM EXEGISSET,
TANDEM AUDITA KAMENECIAE
EXPUGNATIONE, NE TANTAE CLA-
DI SUPERESSET,

CARITATE PATRIÆ
VULNERATUS OCCUBUIT
XVII. KAL. JAN. M. DC. LXXII.

REGIUM COR MONACHIS Hujus
COS.

COENOBII , CUI ABBAS PRAEFUERAT ,

AMORIS PIGNUS RELIQUIT: QUOD ILLI ISTHOC TUMULO MAE- RENTES CONDIDERUNT.

Dans une des Chapelles qui font derriere le Chœur, on remarque encore deux Tombeaux de marbre , de Meſſieurs du Glas , d'une des plus illuſtres Familles d'Ecoſſe.

Aprés ces choſes, il n'y a rien de ſingulier dans l'Egliſe. Les jours de Fêtes l'Office divin s'y fait avec beaucoup de pompe & de majeſté ; & il n'eſt guere de Comunauté reguliere , où l'on s'en acquite mieux. L'Ordre de ſaint Benoiſt eſt en poſſeſſion de cette Maiſon depuis qu'elle a été fondée par le Roi Childebert ; & l'Egliſe, ſelon quelques Hiſtoriens , eſt dans le même endroit, où êtoit autrefois un Temple dedié à la Déeſſe Iſis , dont on voïoit encore la Statuë dans le ſiecle paſſé ; qui ſut ôtée de l'Egliſe & briſée par l'ordre des Superieurs , à cauſe que l'on trouva devant une vieille femme qui faiſoit ſes prieres.

Dans l'interieur du Couvent on doit aller voir le Refectoir, qui eſt grand & un des plus beaux du Roïaume. Il eſt percé des deux côtez de grandes fenêtres , dont

les

les vitres antiques font tres-belles. Au bout
on a fait un Ecalier, qui conduit au grand
Dortoir, d'une ftructure affez hardie. Il
ne faut pas non plus negliger d'aller à la
Chapelle de Nôtre-Dame fur le derriere;
elle eft à peu prés du deffein de la fainte
Chapelle du Palais. On dit qu'elle a été
bâtie par le même Architecte qui eft enterré dans ce lieu.

Mais fans trop s'arrêter à toutes ces
chofes, il faut aller à la Biblioteque, qui
occupe le deffus de l'aîle du Cloître, qui
regne le long de l'Eglife : elle n'eft pas, à
la verité, des plus nombreufes, mais en
recompenfe tous les Livres font des mieux
choifis, & des meilleures éditions que
l'on puiffe trouver. Dans le fiecle paffé,
où il n'y avoit pas un fi grand nombre de
Biblioteques, qu'il y en a à prefent, elle
étoit eftimée la premiere de toutes celles
de Paris. A prefent fi ce n'eft plus tout-à
fait la même chofe pour les Livres imprimez, au moins en manufcrits, eft-il tres-
certain qu'aucune ne lui difpute, & en nul
endroit on n'en verra point une plus grande
quantité & de plus rares, fi ce n'eft à la
Biblioteque du Roi. Ils font au bout dans
une petite chambre feparée, qui en eft
toute remplie, depuis le haut jufqu'en bas.
Il s'en trouve fur toutes fortes de matieres
& principalement concernant la Religion,
def-

desquels même l'on a tiré de fort grandes lumieres, pour éclaircir des choses que les Copistes & les Imprimeurs avoient tronquées, ou mal copiées. Dans une petite armoire de la grande biblioteque l'on conserve quelques Volumes plus rares que les autres, parmi lesquels il y en a un, nommé *le Psautier de saint Germain*, à cause que l'on croit qu'il a servi à ce Saint, qui vivoit en 560. sous le Regne de Childebert Roi de France, & de l'Empereur Justinien en Orient. Autrefois ce Livre êtoit dans la Sacristie avec les Reliques ; mais comme l'on êtoit obligé, pour satisfaire les Curieux, de le faire voir souvent, on l'a mis en ce lieu. Il est en lettres d'or & d'argent, sur un Velin de couleur de pourpre, & contient tous les Pseaumes de David. Il y a encore dans le même endroit un Missel tres-ancien, qui selon toutes les apparences a plus de neuf cens ans ; des tablettes à l'usage des Anciens, faites de petites planches de bois de cedre, avec une espece de cire ou de vernix, tres fin coulé dessus, sur lesquelles par le moïen du stile on écrivoit fort facilement, & quelques autres singularitez de cette sorte, qui meritent d'être considerées ; sur tout un fort grand Volume, plein d'attestations de la croïance de plusieurs Evêques Grecs, touchant la Transsubstantiation, que le sçavant M. Arnauld a fait venir de Constantinople

avec

avec beaucoup de peine , par le moïen de
Monſieur de Nointel Ambaſſadeur de
France à la Porte , pour lui ſervir d'autori-
contré Meſſieursde la R. P. R. qui ſoûte-
noient que l'Egliſce Grecque étoit de leur
opinion.

Aprés avoir parlé de la Biblioteque , le
Lecteur ne ſera pas fâché que l'on l'entre-
tienne des beaux ouvrages que les doctes
Religieux de cette Maiſon ont depuis peu
mis au jour , dont les plus utiles & les plus
conſiderables ſont les œuvres du grand
ſaint Auguſtin , qu'ils ont entrepris de
corriger ſur les plus anciens & les plus fide-
les Manuſcrits de toutes les Biblioteques
de l'Europe , dont ils ont eu communication. On en a déja veu cinq grands Volumes , qui ont été receus du Public avec un
applaudiſſement univerſel, & ils travaillent continuellement à donner le reſte dans
la même pureté. On peut dire que l'on n'a
pas de ce ſiecle entrepris rien qui fût plus
important & plus utile à la Religion , parce que depuis quelques années preſque toutes les diſputes qui ſont ſervenuës entre les
Theologiens ſur les matieres de la Grace ,
ont été ſur l'interpretation de ce Pere ; &
l'Egliſe en aura l'obligation à ces doctes
Relegieux , qui ne meritent pas moins de
gloire de ce travarl , qu'ils ont eu de peine
à l'executer & à le mettre en l'état où il eſt.
Le Pere Dom Luc D'Achery Religieux
de

de la même Maison, a mis en lumiere le *Specilegium*, qu'il a conduit jusqu'au 13. Volume *in quarto*, dans lequel il assemblé plusieurs pieces antiques, cachées dans les Biblioteques de son Ordre, qui auroient été ensevelies dans l'oubli, sans le soin qu'il a eu de leur faire voir le jour, avec de tres-sçavantes Prefaces, qui sont d'un grand secours pour les Curieux.

Mais aprés le Livre incomparable que le Pere DOM JEAN MABILLON a fait paroître depuis deux ans, l'on ne peut rien desirer davantage, il est intitulé *De Re Diplomatica in folio*, avec un grand nombre de figures de Chartres antiques, que ce sçavant Auteur a déchifrées le plus heureusement du monde, & sur lesquelles il donne des remarques tres-instructives pour connoitre lors qu'elles sont contrefaites; ce qui sera aisé à remarquer aprés la lecture de ce beau Livre. Ceux qui le lisent, ne peuvent assez admirer la peine & la patience que l'Auteur a eu pour faire les sçavantes Recherches qui y sont, & il n'est guere d'ouvrage, où il paroisse un jugement plus solide que dans celui-ci; ce qui fait que du petit nombre d'Auteurs que l'on conte à present entre les Sçavans, il est un de ceux que l'on estime davantage, & qui a le plus de reputation. On a aussi de lui quelques Volumes *d'Analectes in octavo*, qu'il qu'il continuë tous les jours avec beaucoup de soin.

Il y a encore dans cette Communauté plusieurs autres Sçavans, qui travaillent sans relâche sur diverses matieres, & l'on verra dans peu de jours les ouvrages de S. Ambroise sortir de leurs mains. On peut dire encore à leur loüange, qu'il n'est point de Maison Religieuse où l'oisiveté soit plus soigneusement bannie que dans celle-ci.

Il est bon de sçavoir que cette Abbaïe a été souvent autrefois ruinée, parce qu'elle étoit exposée hors la Ville, aux incursions des Barbares. Les Normans & les Danois l'ont pillée & brûlée trois ou quatre fois; & elle a soûtenu des sieges comme une Ville fortifiée. Elle étoit pour lors entourée de fossez profonds & d'épaisses murailles, qui d'espace en espace étoient soûtenuës de Tours rondes, que l'on a été obligé d'abatre pour bâtir les maisons qui sont antour, & dont il n'est resté que deux sur la porte, du côté de la Ruë saint Benoist.

Comme il est difficile de suivre les Ruës dans le Quartier de saint Germain, à cause que les choses ne s'y trouvent pas de suite, comme dans quelques autres endroits de la Ville, on prendra en particulier ce qui merite d'être consideré, en tâchant pourtant de faire voir aux Curieux, au-

tan

tant qu'il se poura faire, plusieurs choses
dans une même course, afin de leur épargner de la peine.

LE PALAIS D'ORLEANS.

AUtrement nommé LE PALAIS
DE Luxembourg, à cause qu'il
est dans le lieu où étoit autrefois
un vieil Hôtel de ce nom.

De tout ce que l'on voit à Paris, & même dans le Roïaume, il n'est rien de plus
regulier & de mieux entendu pour l'Architecture que ce magnifique Palais. Marie
de Medecis Veuve de Henri IV. l'a fait bâtir, & se servit du plus habile Architecte
de son temps, qui se nommoit JACQUES
DE BROSSE, celui-là même qui a donné
le dessein du Portail de saint Gervais, dont
on a fait la description. Cette grande Reine n'épargna rien pour laisser à la Posterité un monument qui fit connoître sa magnificence. Tout ce qu'il y a de Voïageurs
curieux conviennent, que dans toute l'Italie l'on ne voit rien, où l'art soit observé
avec plus d'exactitude, & où il paroisse
plus de grandeur & plus de majesté que
dans ce bâtiment. Il est composé d'une
grande cour quarrée, au fond de laquelle
est le gros corps de logis, accompagné aux
extremitez de quatre Pavillons & d'une

avant-

avant-corps au milieu, qui en fait un cinquiéme orné de colonnes. La cour des deux côtez eſt bornée par deux longues Galeries, un peu plus baſſes qne le reſte du bâtiment, ſoûtenuës ſur neuf arcades, à la faveur deſquelles on peut aller à couvert tout autour. La face de tout ce Palais eſt en Galerie découverte avec une maniere de Dôme, au milieu revétu de colonnes, ſous lequel eſt la grande Porte vis-à vis la ruë de Tournon, au plus haut de laquelle ce Palais ſe trouve placé, ce qui lui donne une tres-belle avenuë. A chaque bout des Galeries & des deux Terraſſes qui ſont ſur le devant, il y a encore deux gros Pavillons, qui font une même ligne avec toute la face du bâtiment. L'Architecture de tout ce Palais eſt en pilaſtres, excepté autour de la grande Porte & du côté du Jardin, ſur le devant du petit Dôme qui ſert de Chapelle, où il y a des colonnes hors d'œuvre. Les Ordres qui s'y trouvent ſont le ruſtique & le dorique, avec un attique au deſſus ; & du côté du Jardin ſur le ruſtique & le dorique, on a mis encore un Ionique, qui forme un troiſiéme Ordre complet, avec des baluſtrades tout autour des combles, & des frontons aux faces, ſur leſquels il y a de grandes Statuës couchées qui ſoûtiennent des couronnes. Ce qui enrichit cette belle Architecture, eſt le boſſage qui eſt par tout, & il n'y a point d'au-

tres-

tres ornemens que ceux qui font neceffai-
res. Tout ce qu'on y voit, eft dans la difpofition fimple des regles de l'art ; ce qui
fait que ceux qui fe connoiffent un peu en
ouvrages d'Architecture , s'attachent à
obferver ce Palais , & y trouvent plus de
beautez que ceux qui regardent feulement
les chofes fans en connoitre le veritable
prix Il eft à prefent occupé par deux illuftres Princeffes , filles de feu MONSIEUR
LE DUC D'ORLEANS , Frere unique de
Loüis XIII.

A main gauche en entrant font les appartemens de MADEMOISELLE D'OR-
LEANS , & à droite ceux de MADAME
LA DUCHESSE DE GUISE fa Sœur. Dans
les premiers il y a de tres beaux Plafons &
des meubles tres riches , & dans les derniers entre autres chofes , on y doit aller
voir la Galerie peinte par le fameux Ru-
bens , de la Ville d'Anvers , que l'on fit
venir exprés de Flandre pour la faire. Ce
font des grands Tableaux qui font fur les
tremeaux entre les croifées , où font reprefentées les principales Actions de Henri
IV. fur tout celles où Marie de Medicis a eu
quelque part. L'on ne peut rien defirer de
plus exactement deffiné & de mieux entendu ; mais ce que l'on doit admirer , eft le
beau coloris dont ce fameux Maitre fe fervoit , & en quoi il a furpaffé tous les autres.
Sou-

Souvent les jeunes Peintres vont étudier
dans cette Galerie ; & comme elle est toute de sa maniere , ils peuvent y prendre
aisément des idées de la belle Peinture. Le
Jardin étoit autrefois tres-beau , & rempli de petits bois d'allées couvertes tres-
agreables : mais les grands Hyvers aïant
ruiné une partie des arbres ; on a été
obligé de les abatre pour en mettre d'autres en leur place , que l'on a déja commencé à planter. Au bout de la grande allée
qui est devant le parterre , on avoit dessein
de faire une Fontaine ; ce qui est commencé , est d'une tres bonne maniere d'Architecture ; c'est une espece de niche , ornée
sur le devant de quatre grosses colonnes
rustiques chargées de Congellations , sur
lesquelles il y a des Dieux Marins qui tiennent des Vases , avec un grand cartouche
où sont les Armes de France & de Medicis
acolées ensemble.

Dans tout le reste il ne paroîtra rien de
fort remarquable , si ce n'est la balustrade
de marbre blanc qui est sur le devant des
Terrasses , qui entourent le parterre , mais
qui n'est pas achevée. Delà on doit aller
voir

  L'HO-

L'HOTEL DE CONDE'.

C'Est où demeure MONSIEUR LE PRINCE, premier Prince du Sang, avec toute son illustre Famille Le bâtiment n'est pas d'une structure extraordinaire, c'étoit autrefois l'Hôtel de Retz ; & comme il a été bâti à diverses reprises pour la commodité, la symetrie n'a pû être gardée avec beaucoup de soin, mais pour les meubles il est difficile d'en voir de plus magnifiques & en plus grande quantité. Il y a des Tableaux de tous les excellens Maitres, des Tapisseries extraordinaires, qui ont appartenu autrefois à l'illustre Maison de Montmorenci, & des pierreries plus belles qu'en aucune Maison de l'Europe. Il y a aussi une Biblioteque tres nombreuse, où il se trouve des Livres fort curieux, & des Cartes à la main tres-rares : mais ce qu'il faut tâcher de voir est le Jardin, qui dans une étenduë assez mediocre, fait remarquer tout ce que l'art & la nature peuvent ensemble produire de beau & de singulier. Il y a des Cabinets ou des tonnelles de l'ouvrage des Hollandois, qui sont faits avec beaucoup d'industrie. Il paroît à l'entrée de chaque allée un petit Arc de Triomphe du même travail. En été ce Jardin est rempli d'Orangers & de Jasmins, qui en rendent la promenade du soir fort agreable.   DANS

DANS LA RUE VAUGIRAD qui paſ-
ſe devant le Palais de Luxembourg, eſt

LE PETIT HOTEL DE BOURBON,
où demeure MONSIEUR LE DUC DE
BOURBON, autrefois l'Hôtel d'Aiguillon, autrement le petit Luxembourg, que
le Cardinal de Richelieu avoit fait embellir pour la Ducheſſe d'Aiguillon ſa Niéce;
où il avoit fait de tres-grandes dépences,
comme on le peut voir par les beaux Plafons, & ſur tout par celui de la grande
Salle, qui a coûté beaucoup. Il y avoit en
ce temps-là des meubles magnifiques, &
de toutes ſortes de curioſitez extrémement
rares, qui ont été diſſipées par la mort de
cette Ducheſſe.

Tout proche & du même côté ſont
LES RELIGIEUSES DU CALVAIRE,
de l'Ordre de ſaint Benoiſt, qui ont été
fondées en 1620. par Marie de Medicis.
L'Egliſe & le Couvent n'ont rien de ſingu-
lier, non plus que la Maiſon des
RELIGIEUSES DU PRECIEUX
SANG, qui eſt dans la même ruë.

Un peu plus haut eſt

LE

LE COUVENT DES CARMES DECHAUSSEZ.

CE Monastere a été fondé vers le commencement de ce siecle, des liberalitez de quelques Bourgeois de Paris, qui donnerent une petite Maison, située en cét endroit, à des Carmes venus d'Espagne, pour apporter en France la Reforme que Ste Therese avoit faite de l'Ordre du Mont-Carmel. Ce fut en l'année 1613. qu'on en jetta les premiers fondemens; & Marie de Medicis voulut mettre la premiere pierre à leur Eglise, comme on le peut voir par cette Inscription qui étoit dessus.

MARIA MEDICÆA MATER FUNDAMENTUM HUJUS ECCLESIÆ POSUIT. 1613.

Le Chancelier Seguier se declara leur Protecteur, & leur fit de grands biens. Il leur donna entre autres choses dequoi bâtir leur grand Autel, qui est d'un dessein assez beau, orné de colonnes Corinthiennes de marbre noir, & de quelques figures qui representent les principaux Saints de l'Ordre de ces Peres. Tout l'ouvrage de l'Eglise est d'ordre rustique ou Toscan, qui n'est pas même des plus reguliers. Au mi-

milieu il y a un Dôme , peint dans le fond par un nommé Bertolet , Chanoine de l'Eglise de Liege , qui n'étoit pas un mal-habile Peintre, comme on le peut juger par cét ouvrage , qui represente l'Enlevement d'Elie dans un Chariot de feu , laissant tomber son manteau à Elisée son Disciple, qui étend les bras pour le recevoir.

Il y a dans cette Eglise deux Chapelles, qu'il faut particulierement considerer.

La premiere à main gauche sous le Dô-me , est dediée à la sainte Vierge , dont il y a une Statuë en marbre blanc, des plus belles que l'on puisse voir , d'un nom-mé…..disciple du fameux Cavalier Bernin, qui l'a faite à Rome, d'où elle a été amenée avec beaucoup de dépence. Il est difficile de rien desirer de plus beau que cette figure, qui represente la sainte Vier-ge assise , tenant sur les genoux son En-fant, qui la caresse & qui la veut embras-ser. Tout ce que l'on demande dans une Statuë achevée se trouve dans celle-ci ; & on la doit considerer comme la plus belle piece du Roïaume. La Niche où elle est au dessus de l'Autel, est du dessein du Cava-lier Bernin. Elle est ornée de quatre colon-nes Corinthiennes de marbre veiné.

L'autre vis-à-vis celle-ci , est dediée à sainte Therese, comme il paroît par le Ta-bleau qui est au milieu. Elle est embellie de colonnes de marbre, d'un ordre com-

                                   posé

posé tout-à-fait singulier , chargé de festons sur la frise, qui sont du caprice de l'Architecte , & dont on voit peu d'exemples. Cependant le tout en est fort beau & fort agreable à la veuë. Les balustrades de ces deux Autels, aussi bien que du grand qui est au milieu , sont d'un marbre choisi avec beaucoup de soin. Le reste de l'Eglise n'a rien du tout d'extraordinaire, si ce n'est la peinture blanche dont elle est enduite , qui est luisante comme si c'étoit du marbre. On dit que ces Peres ont un secret pour la faire si belle , & même qu'ils font mystere de l'enseigner aux autres.

Dans l'interieur de la Maison il n'y a rien autre chose que la Biblioteque , qui est petite & fort peu nombreuse ; cependant il faut y aller pour joüir de la belle veuë qu'elle a sur la campagne voisine. Ces Peres ont les plus beaux Jardins & les mieux entretenus de Paris , ce qui ne leur procure pas peu de douceur ; parce que ne mangeant jamais de viande, ils en tirent des legumes en quantité dont ils vivent, sans qu'ils aïent besoin d'en acheter.

Dans une ruë qui est au bout , que l'on nomme LA RUE DU REGARD, à cause qu'autrefois il y en avoit un pour les Fontaines voisines; il y a une petite maison nouvellement bâtie, dont les veuës sont sur les Jardins d'alentour, qui est fort jolie & fort propre.

Le

Le Fort où les Academiftes de M. Bernardi vont s'exercer, n'en eft pas éloigné. Il eft proche les murs du Palais d'Orleans, enclos dans un petit efpace qui ne fert qu'à cét ufage. Il s'y fait des attaques auffi reglées qu'à la prife d'une Place d'importance.

DANS LA RUE CASSETTE, proche les Carmes dont on vient de parler, eft

LE MONASTERE DES FILLES DU S. SACREMENT, qui doivent leur Fondation à feuë MADAME LA DUCHESSE D'ORLEANS, feconde femme de MONSIEUR GASTON DE FRANCE, Duc d'Orleans, Fils ne Henri IV. & Frere de Loüis XIII. Cette illuftre Princeffe, qui étoit d'une pieté tout à fait exemplaire, leur a fait de tres-grands biens, & leur a donné fur tout dequoi bâtir leur Eglife & leur grand Autel, qui eft d'une fort jolie menuiferie, peinte en marbre avec des ornemens dorez, qui font un bel effet; mais c'eft tout ce qu'il y a à voir. Tous les Jeudis on y chante un Salut du faint Sacrement, où grand nombre de perfonnes devotes affiftent, pour y faire leurs prieres.

Dans la ruë du Pot de Fer, qui aboutit auffi dans la ruë Vaugirard, eft

LE

LE NOVICIAT DES JESUITES.

L'Eglise de ces Peres est petite : mais en recompence elle est une des plus belles & des mieux entenduës pour l'Architecture. On dit que c'est un Frere de leur Compagnie, nommé le Frere Marlange, qui en donna le dessein, aprés avoir remarqué les défauts de celle de la Ruë saint Antoine, que le P. de Rant avoit élevée sur ses desseins, mais qui avoit beaucoup changé de choses. Ce même Frere étant consulté sur l'ouvrage de cette Eglise, ne voulut rien commencer que le General ne lui eut donné une permission de faire tout ce qu'il trouveroit à propos, sans être obligé de suivre les ordres de qui que ce fût de la Compagnie. Ensuite il entreprit ce bâtiment, qui n'est pas d'une si grande étenduë que l'autre ; mais cependant qui ne laisse pas de le surpasser infiniment en regularité. Le Portail est d'ordre dorique en Pilastres avec un Ionique au dessus de même. Le dedans est aussi en Pilastres Doriques, qui soûtiennent une corniche, entre les triglifes de laquelle sont des ornemens qui representent les instrumens de la Passion de Nôtre-Seigneur. Le grand Autel est fort simple, & n'est que de menuiserie, ornée de deux colonnes Corinthiennes.

Mais ce qui le releve infiniment au dessus

fus les plus beaux du Roïaume, eſt le grand Tableau que l'on y voit du fameux Pouſſin, un des plus beaux que cét habile Peintre ait jamais fait Tous les Curieux eſtiment infiniment cette piece, & la regardent comme la plus belle de France pour l'exactitude du deſſein, nonobſtant ce qu'en diſent quelques Critiques, qui ſoûtiennent qu'il a fait une trop grande oreille à ſaint François Xavier, qui y eſt repreſenté à genoux, faiſant un miracle.

Aprés avoir vû cette Egliſe, il faut demander à voir la Chapelle de la Congregation, à côté de la porte en entrant à main gauche. Elle eſt ornée d'une menuiſerie dorée, avec des Tableaux d'eſpace en eſpace, & d'un Plafon qui eſt aſſez bien peint. Les jours de Fête l'Autel eſt garni d'une riche argenterie, que les Meſſieurs qui ſont de cette Congregation ont donné. Toute la Maiſon eſt fort commode, quoi qu'elle ne ſoit pas d'une grande étenduë, à cauſe de quatre Ruës qui la bornemt de tous côtez. Voici l'Inſcription qui eſt ſur la premiere pierre de leur Egliſe, que feu Monſieur le Duc de Verneüil mit.

D. O. M.

D. O. M.

S. FRANCISCO XAVERIO INDIARUM APOSTOLO. ANNO CHRISTI M. DC. XXX.

PONTIFICATUS URBANI OCTAVI ANNO SEPTIMO.
REGNI LUDOVICI DECIMI TERTII ANNO VIGESIMO.
GENERALATUS R. P. MUTII VITELESCHI ANNO DECIMO QUARTO ÆDIS FACIENDÆ PRIMUM LAPIDEM POSUIT S. P. HENRICUS DE BOURBON, EPISCOPUS METENSIS, S. R. I. PRINCEPS, ABBAS S. GERMANI, DECIMO APRILIS.

Il est bon de sçavoir que c'est Monsieur Desnoïers, Secretaire d'Etat, qui a fait bâtir cette Eglise, à ses propres dépens.

Ce qu'il y a de plus proche est,

L'EGLISE DE S. SULPICE, la seule Paroisse qu'il y ait dans tout le quartier de saint Germain ; ce qui fait qu'elle est la plus grande de Paris. Autrefois ce n'étoit qu'un tres-petit bâtiment, comme on le peut remarquer par ce qui est resté de la Nef, que l'on n'a pas encore achevé d'abatre, & qui étoit si petite, que la dixiéme partie des Paroissiens n'y pouvoient pas tenir : ce qui

a fait

a fait que l'on a entrepris il y a vint-cinq ou trente ans le nouvel édifice que l'on voit à present, qui est d'une si grande dépence & d'une si vaste grandeur, qu'à peine on a pû achever le Chœur avec toutes les liberalitez que les Paroissiens ont fait. Ce qui est commencé, est le Chœur entier d'un grand dessein. Le dedans est soûtenu de hautes Arcades, entre lesquelles sont des Pilastres Corinthiens, sur lesquels regne une Corniche, où posent les ceintres de la Voûte, qui est parfaitement bien faite & tres-solide ; quoi qu'elle soit fort élevée. Tout autour entre les Chapelles & le Chœur ; il y a un large Corridor, dans lequel il peut tenir un grand nombre de personnes, qui peuvent delà voir tout ce qui se passe au grand Autel, où l'Office Divin se fait avec beaucoup d'édification, sur tout les jours de Fêtes.

A un des Pilastres entre deux Chapelles, est l'Epitaphe du fameux MONSIEUR DE MAROLLES, ABBE' DE VILLELOIN, le plus grand Traducteur que nôtre Langue ait jamais eu, & qui l'a enrichie d'un grand nombre d'Auteurs, qui n'avoient point été mis en François. M. L'ABBE' DE LA CHAMBRE, son intime Ami & son Executeur testamentaire, l'a fait mettre en cét endroit pour en conserver la memoire. C'est une Medaille de marbre blanc, où est son Portrait, sur lequel un Amour pleurant est

appuïé, qui tient son flambeau renversé.
Voici ce qui est au bas.

MICHAELI DE MAROLLES,
ABBATI DE VILLELOIN,
GENERIS NOBILITATE,
MORUM CANDORE,
RELIGIONE SINCERA,
VARIA ERUDITIONE
CLARISSIMO,
QUI OBIIT OCTOGENARIO MAJOR,
PRID. NON. MAR. AN. 1681.

PETRUS DE LA CHAMBRE MARINI
FILIUS TESTAMENTI CURATOR
AMICO OPTIMO MONUMENTUM
POSUIT.

C'êtoit peut-être le plus habile homme
de ce siecle, dans la connoissance des E-
stampes, il en avoit recüeilli un fort grand
nombre, que l'on voit à present dans le
Cabinet du Roi. Amian Marcellin est le
dernier Auteur qu'il a traduit, à la fin duquel on a mis le Catalogue de tous les Livres qui sont sous son nom.

Dans tout le reste de cette Eglise il n'y a
rien de rare, si ce n'est un petit Escalier d'un
seul trait tourné en Limaçon depuis le haut
jusqu'en bas. Il est de pierre de taille & fort
haut, puis qu'il conduit aux Voûtes de l'E-
glise.

LA

LA MAISON du SEMINAIRE S. SUL-
PICE est tout proche. Le bâtiment est
grand & spatieux ; & a été élevé par les
soins de Monsieur de Bretonvilliers, qui a
fourni lui seul à la dépence. Il faut voir
sur tout la Chapelle, dont le Plafon est de
M. le Brun, dans lequel il a representé
une Asomption, qui est une des plus belles choses qu'il ait jamais faite.

LA FOIRE DE S. GERMAIN est proche
saint Sulpice, au bout de la ruë de Tournon.
Elle est ouverte depuis la Fête de la Purifi-
cation, qui arrive le second de Fevrier, jusqu'au premier jour du Carême : mais souvent on la continuë jusqu'à Pâques. Le lieu
n'a rien de remarquable ; ce sont plusieurs
Allées couvertes, disposées en quarré, qui se
traversent les unes les autres, où les Boutiques des Marchands sont placées. On y
vend generalement de toutes sortes de choses, & les Marchands ont le privilege d'y
venir de toutes sortes d'endroits. Il y a quelques Boutiques remplies de riches Marchan-
dises & de curiositez, & dans celle de M.
Herot, on y trouve des Tableaux d'un tres-
grand prix.

M. l'Abbé Bourdelot demeure dans la
Ruë de Tournon, son profond sçavoir lui
a acquis une tres-grande reputation ; il tient
chez lui des Conferences les Mercredis,
dont la Physique fait les Entretiens principaux.

DANS LA RüE GARANCE derriere saint Sulpice, est L'HOTEL DE LEON, qui appartient à M. le Marquis de Sourdiac, qui l'a fait bâtir sur les desseins du sieur Robellini : mais comme il n'est pas achevé, l'on ne voit qu'une petite partie des beautez qui y auroient été, s'il avoit été continué.

De ce Quartier il faut aller voir LES PREMONTREZ, qui sont dans un Carrefour à l'entrée de la Ruë de Seve, où six Ruës viennent se terminer. Leur Eglise est petite & le Portail est du sieur Dorbay. La Reine Mere a donné dequoi l'élever, & ces Peres doivent leur établissement à cette pieuse Princesse.

Plus avant est L'ABBAÏE AUX BOIS de l'Ordre de Cisteaux, qui a été transferée de Picardie en cette Ville, il y a environ soixante ans. Tout proche est

L'HOPITAL DES PETITES-MAISONS, où l'on renferme les Foux. On voit dans cette Maison un Crucifix que l'on estime beaucoup, & qui est d'un excellent Maître.

Dans la même Ruë est aussi

L'HOPITAL DES INCURABLES, dont les Salles sont fort bien voutées, & où les malades sont traitez avec beaucoup de soin. L'Eglise n'a rien d'extraordinaire, elle est au milieu des Appartemens, en sorte que les hommes & les femmes en sont également éloignez. L'on ne reçoit dans cette Maison, que ceux qui sont affligez

gez de maladies qui ne fe peuvent guerir.

De la Ruë de Seve on peut aller dans la Ruë de Grenelle, qui commence au Carrefour de la Croix-Rouge, proche les Premontrez.

La premiere chofe que l'on y voit eft.

L'HOLEL D'AUVERGNE, autrefois l'Hôtel de Beauvais, où demeure à prefent Monfieur le Comte d'Auvergne, Colonel General de la Cavalerie Legere de France, frere de Monfieur le Duc de Boüillon, & Neveu du fameux Monfieur de Turenne. Cét Hôtel n'eft pas extraordinairement bien bâti, mais le Jardin eft fort grand & fort agreable.

Plus avant eft une grande Maifon qui fait le coin de la ruë du Bacq, où a demeuré l'Ambaffadeur d'Efpagne ; qui eft affez commode. Il y a un Sculpteur tout proche, chez lequel on voit des bas-reliefs, qui ne font pas d'un méchant deffein, qui font de la maniere d'un nommé *Vanobftal*, originaire de Bruxelles, qui le premier a donné le goût des bas-reliefs en France qu'il apporta d'Italie. Il y a en a à Verfailles de lui que l'on eftime beaucoup, & fur tout ceux qui font fur les Portes de la Grotte. Plus avant eft

L'HOTEL DE NAVAILLES, qui eft tres-bien bâti ; c'eft un gros Pavillon quaré affez élevé, qui domine fur les Jardins d'alentour, ce qui en rend la demeure tresagreaagreable. C'êtoit où demeuroit autrefois feu Monſieur le Cogneux, qui l'avoit fait bâtir. De ſuite eſt

LA MAISON DU SIEUR ROLAND, un des hommes de Paris le plus curieux en bâtimens. Elle eſt à voir auſſi bien que le Jardin, qui a tous les agrémens que l'on peut deſirer. Il s'y trouve des Fontaines, des Berceaux, des Perſpectives, & des Parterres des mieux dreſſez. Les Appartemens ſont proprement meublez, & tout y eſt beau, particulierement l'Eſcalier qui eſt d'un deſſein ſingulier, que les Curieux ne priſeront pas.

Au bout de cette Ruë & dans la Campagne qui ſe trouve à l'extremité, on découvre

L'HOTEL ROIAL DES INVALIDES.

DE tous les Bâtimens que le Roi a fait élever, il n'y en a point où il paroiſſe plus de magnificence & plus de pieté tout enſemble que dans celui-ci ; parce que la dépence prodigieuſe que l'on y a faite, a été ſeulement pour l'entretien & pour la nourriture des Soldats eſtropiez ; qui n'étant plus en état de ſervir dans les Armées, auroient mené une vie languiſſante, ſans le ſecours qu'ils trouvent dans cette

Mai-

Maison ; où ils font entretenus de toutes
chofes, & où ils peuvent achever le cours
de leur vie dans l'exercice de la pieté Chrêtienne. Ce qui n'eft pas peu furprenant, eft
que tout ce grand édifice a été fait, comme on le voit en moins de huit ans, & dans
le fort de la guerre.

Ce fut environ en l'année 16.* que l'on
vit jetter les premiers fondemens de ce bel
Edifice, qui fait à prefent un des principaux ornemens de la Ville de Paris. Il eft
parfaitement quarré, & dans fa capacité
interieure, il fe trouve cinq cours de même figure, une grande au milieu & deux
mediocres de chaque côté, qui font entourées d'Appartemens où logent les Soldats ;
celle du milieu eft plus grande que les autres, & les bâtimens d'autour font d'une
belle fymetrie. Ce font deux rangs d'Arcades l'une fur l'autre, qui forment des Cor-
ridors ou des Galeries, à la faveur def-
quelles on peut aller à couvert tout autour.
Les combles font enrichis de divers ornemens, qui reprefentent des trophées d'Armes & de femblables chofes, qui font un
bel effet. Dans le fond de la cour vis à vis
la principale entrée, eft la Porte de l'Eglife à deux rangs de colonnes, dont celles
d'embas font compofites & les fecondes
Corinthiennes : delà l'on peut entrer dans
la partie de l'Eglife deftinée pour ceux de
la Maifon, à caufe que pour les gens du
de

dehors on en bâtit une autre, qui est mé-
me déja un peu avancée, qui sera incom-
parablement plus magnifique ; dont on
voit un modele en petit dans un Pavillon
bâti exprés. Si on l'execute l'on ne verra
rien de plus superbe & d'un plus grand
dessein. Ce sera un Dôme fort élevé, sous
lequel l'Autel doit être placé, enrichi
de tous les plus beaux ornemens que l'Architecture la plus étudiée peut produire ;
les toits en seront dorez comme ceux du
Val de Grace : mais cependant on pretend
faire quelque chose de plus regulier & de
mieux entendu, soit pour la disposition
ou pour les ornemens. Il faut aussi aller aux
Infirmeries, qui sont separées du reste de
la Maison, sans être éloignées. Les lits y
sont propres & les malades y reçoivent
tous les secours qui leur sont necessaires. Ils
sont servis par les Sœurs de la Charité de
saint Lazare, qui font une particuliere
profession de servir les malades dans le reste de la Ville, aussi bien que dans cette
Maison. Mais les choses que les Etrangers
doivent remarquer, sont les quatre grands
Refectoires qui sont de chaque côté de la
cour du milieu, où l'on a peint à fresque
les principaux Sieges que l'on a formez,
& les Batailles que la France a gagnées sur
ses Ennemis. Il y a peu de peintures plus
exactement dessinées, & où il paroisse
plus de verité & de nature que dans celles-
ci-

ci, ce qui donne un tres-grand plaifir à ceux qui ont affifté aux actions qui y font reprefentées. Il y a dans cette Maifon quelque Soldat qui travaille en Tapifferies, qu'il ne faut pas negliger d'aller voir. En fortant on doit regarder la face du bâtiment avec la grande place qui eft devant, entourée d'un foffé fec, revêtu d'une Maçonnerie de pierre de taille, de laquelle on découvre une tres-belle veuë. On fait la garde aux Portes comme dans une Citadelle, afin de ttnir les Soldats en haleine, & de leur ôter l'occafion de devenir faineans. L'ordre & la difcipline que l'on fait obferver dans cette Maifon eft d'une exactitude admirable ; & les Peres de la Miffion qui en prennent le foin, s'en acquittent fort dignement

Ce qu'il y a encore à voir dans ce Quartier, aprés avoir obfervé tout ce qui eft aux Invalides, eft

L'Hôtel où demeure MONSIEUR LE COMMANDEUR DE HAUTE-FEUIL-LE, Ambaffadeur de Malte, dans une ruë derriere les Petites-Maifons, où il y a quantité de tres-beaux Tableaux avec plufieurs rares curiofitez, que l'on auroit de la peine à trouver dans un autre endroit.

Dans la ruë du Bac fort proche, eft LE SEMINAIRE DES MISSIONS E-TRANGERES, où l'on a bâti depuis peu de temps

temps une Eglife, dont la Voûte eft tout-a-fait furprenante. Elle eft baffe, à la verité, parce que l'on a deffein d'élever une feconde Eglife fur celle-ci. Elle eft de l'invention du fieur du Buiffon, habile Architecte. C'eft de cette Maifon que l'on envoïe dans les Indes des Miffionnaires, pour prêcher l'Evangile aux Infidelles, qui s'en acquittent avec un zele tres-grand, fuivi d'un merveilleux fuccés, comme on l'apprend des Relations de Monfieur l'Evêque d'Heliopolis, & de tous les autres Voïageurs, qui reviennent de ces Païs éloignez, lefquels en racontent des chofes tout-à-fait furprenantes.

Dans la ruë faint Dominique eft

LE NOVICIAT DES JACOBINS REFORMEZ dont on bâtit l'Eglife, qui ne fera pas une des moins belles de Paris. C'eft le fieur Bûlet, Architecte de la Ville, qui en conduit l'ouvrage, auffi bien que de toutes les Maifons que ces Peres font élever autour, qui leur raportent un revenu confiderable, & qui font affez bien bâties. Vis-à-vis eft

L'HOTEL DE LUINES, que l'on nommoit auparavant L'HOTEL DE CHEVREUSE, qui a changé de nom aprés la mort de la Ducheffe de Chevreufe, pour laquelle il avoit été bâti. Les Appartemens font

font tres-beaux & tres-commodes, & le fieur le Muet en a donné le deffein.

Dans la ruë faint Dominique où ces chofes fe trouvent, on diftinguera une maifon neuve que l'Hôtel-Dieu a fait bâtir, dont le Veftibule eft fort joli. Il eft au fond de la cour, foûtenu fur des colonnes Doriques, qui font un tres-bel effet en entrant. Toute cette maifon eft du deffein du fieur le Duc.

Dans la petite ruë Guillaume fort proche, eft une grande Maifon où demeure MONSIEUR TALON, AVOCAT GENERAL, dont la ftructure eft tout à fait belle. Les Appartemens font tres agreables, aïant les veuës tournées fur les Jardins des maifons voifines. La cour eft grande, & enfin il paroît que cette Maifon a été élevée avec beaucoup de dépence ; mais ce qui lui donne un merveilleux ornement, eft l'excellente Biblioteque, qui eft compofée de tout ce qu'il y a de plus rare & de plus recherché, foit pour les Manufcrits ou pour les Livres imprimez.

L'HOPITAL DE LA CHARITE'.

A L'extremité de cette Ville eft cét Hôpital, où les Curieux ne trouveront rien qui les fatisfaffe, que des pauvres malades, qui font fervis fort

pro-

proprement par des Freres Religieux de l'Ordre de S. Jean de Dieu, qui ne s'attachent à autre chose qu'à les consoler, & à leur procurer gratuitement toutes les choses dont ils ont besoin. Il y a trois ou quatre grandes Salles pleines de lits, rangez de chaque côté. Dans leur Eglise est le Tombeau du P. BERNARD, qui est mort en odeur de sainteté. L'on y voit sa Statuë à genou, qui le represente au naturel.

Proche la porte de cette Eglise du côté de la ruë Tarane, il y a une Fontaine nouvellement bâtie d'un fort joli dessein, où ces Vers de M. de Santeüil sont gravez.

QUEM PIETAS APERIT MISERORUM IN COMMODA FONTEM,

INSTAR AQUÆ LARGAS FUNDERE MONSTRAT OPES.

M. DC. LXXV.

Dans la ruë des saints Peres qui est fort proche, est

L'HOTEL DE BRISSAC, dont le bâtiment est fort regulier, où il y a une Galerie avec des Appartemens fort agreables,

L'HOTEL DE S. SIMON est dans la même ruë, il est fort bien placé, aïant la grande ruë Tarane vis-à-vis. qui lui donne

ne une belle veuë. Il a été bâti par M. Sal-
vois, qui se servit des desseins du sieur
Gittar.

La Maison où demeure MADAME LA
PRINCESSE DE WIRTEMBERG ,
n'en est pas éloignée. Le Jardin qui est derriere , lui donne un fort bon air.

Presque vis à vis dans une maison qui a
fort peu d'apparence , on poura voir une
Perspective au fond de la cour , assez bien
peinte , où il y a dans l'éloignement un
Arc de Triomphe à l'antique , qui fait
un fort bel effet , quand on le regarde de
loin.

LA RUE DE L'UNIVERSITE'.

IL faut remarquer que cette ruë change
de nom en trois endroits differens.
Le long des murs du Jardin de l'Abbaïe saint Germain , on l'appelle la ruë du
Colombier , plus haut & au milieu la Ruë
Jacob , & à son extremité la Ruë de l'Université. Elle est remplie de tres-belles
maisons , qui la plûpart sont nouvellement
bâties. Mais ce qui est de plus singulier &
de plus curieux à y voir , est

LE CABINET DE MONSIEUR BLONDEL.

Vant que de rien dire des choſes qui compoſent ce riche Cabinet, il eſt bon de parler des beaux Ouvrages qui ſont ſortis des mains de M. Blondel. Ce ſçavant Homme eſt ſi connu des gens de Lettres, qu'il ſeroit tres-difficile de rien publier à ſon avantage, que l'on ne ſçache déja. Il ſuffit de dire pour donner une grande idée de ſon merite & de ſon profond ſçavoir, que le Roi l'a choiſi pour enſeigner les Mathematiques à Monſeigneur le Dauphin, & qu'il l'a nommé Directeur de l'Academie Roïale d'Architecture, établie au Palais Brion, compoſée, comme tout le monde ſçait, des plus habiles du Roïaume en cette ſcience. Voici les noms de ceux qui en ſont à preſent.

M. Blondel Directeur, Maréchal de Camp aux Armées du Roi, & Maître de Mathematique de Monſeigneur le Dauphin.

M. Perault.
M. le Vau, l'aîné.
M. le Pautre.
M. Gittard.
M Bruan.

M. ...

M. d'Orbay.
M. Manſard.

M. Felibien, qui en eſt le Secretaire & duquel on voit de tres beaux Ouvrages, comme l'on a dit dans la page 47. & 48. du premier Volume, en parlant des Statuës Antiques du Roi, qui ſont au Palais Brion.

M. Perault de cette même Academie, a donné une ſçavante Traduction de Vitruve, enrichie d'un grand nombre de figures, & depuis peu de jours un autre Livre d'Architecture, intitulé *l'Ordonnance des cinq eſpeces de colonnes des Anciens*, que les Curieux eſtiment beaucoup.

Mais pour revenir à Monſieur Blondel, c'eſt à lui à qui l'on eſt obligé du nouveau Plan de Paris, & par les ſoins duquel il a été levé, ſuivant l'ordre exprés que le Roi avoit donné à Meſſieurs de la Ville, de n'en permettre l'entrepriſe à perſonne qu'à lui, à cauſe que l'on ſçavoit bien qu'il étoit difficile que perſonne y pût réüſſir auſſi heureuſement qu'il a fait ; c'eſt chez lui ſeulement que l'on le trouve, il eſt en douze feüilles. *Les Nouveaux Embeliſſemens* auſſi bien que les Portes qui ont été élévées, & dont il a donné les deſſeins, ſont gravées ſur les coins. On a auſſi du même Auteur un *Traité d'Architecture* en trois Volumes *in folio*, qu'il a donné par Leçons dans l'Academie, dont la Preface eſt tres-éloquen-

te & tres-inſtructive ; un *Traité de Geome-*
tric ſpeculative & pratique en deux Volumes
in quarto , & un autre *d'Arithmetique* , de
même qu'il les a enſeignez à Monſeigneur
le Dauphin , auſſi bien que *La Maniere de*
fortifier les Places , où il a fait graver des
Plans tres-curieux , des plus belles Fortifi-
cations qui ſoient au monde ; *La comparai-*
ſon de Pindare & d'Horace , dediée à M. le
Premier Preſident de Lamoignon ; *La Re-*
ſolution des quatre principaux Problemes d'Ar-
chitecture , de l'impreſſion Roïale du Louvre *in folio* , ornée de figures ; *L'Art de jet-*
ter les Bombes in quarto , & un autre enfin qui
n'a paru qu'au commencement de l'année
paſſée , intitulé *l'Hiſtoire du Calendrier Ro-*
main , dans laquelle on voit non ſeulement
toutes les manieres dont les Anciens ſe ſont
ſervis pour conter le temps , mais auſſi où
il raporte tout ce qui s'eſt paſſé pour le re-
duire ſur le pié où il ſe trouve , & les diffi-
cultez qu'il y a eu à le regler comme il eſt
à preſent. Ce Livre eſt plein d'une ſi belle
érudition , qu'il n'eſt guere de perſonnes à
qui il ne ſoit agreable. Il en fait encore eſ-
perer quelques autres , que l'on poura voir
& qui ſont prêts à mettre ſous la preſſe ,
dont voici les Titres.

Galileus promotus de reſiſtentia ſolidorum.

Elemens Geometriques , des Medietés.

Traité de l'Algebre.

Traité du mouvement des corps celeſtes.

Trai-

Traité de la Gnomonique.

Traité de la Méchanique.

Traité des proprietez des Poulies.

Traité de l'attaque & défence des Places.

Mélanges de diverses pieces de Mathematique & de Physique.

Traduction du 3. & du 6. Livre d'Architecture de Scamotsi.

Seconde Edition du Livre d'Architecture
Françoise de François Savot, augmentée
d'un grand nombre de Notes.

Mais les Livres ne sont pas les seules
choses qui ont rendu M. Blondel illustre
dans le monde : les grands emplois qu'il a
eus à la guerre, tant sur Mer que sur Terre, les Negociations où il a été emploïé
auprés des Princes Etrangers ; & enfin les
longs Voïages qu'il a faits dans les quatre
Parties du Monde, où il a vû tout ce qu'il
y a de plus remarquable, lui ont acquis une
connoissance si parfaite de toutes choses,
que la reputation de son experience & de
son habileté, lui a merité la qualité de
Conseiller d'Etat.

On peut voir chez lui un des plus curieux
Cabinets qu'il y ait à present à Paris ; dans
lequel il y a des raretez de toutes les espe-
ces des mieux choisies, & conservées avec
un tres-grand soin Entre autres choses, il
y a plusieurs Tableaux Originaux , du *Pal-
me*, de *Paul Veronese*, du *Guide* & du fameux *Poussin.* Il y a des Païsages de *Paul*

Bril, de *Corneille*, de *Breugle*, de *Fouquie-re*, de *Lucas*, & de divers autres; des Fruits de *Labrador*, de *Sommes* & des Fleurs de *Picard*, de *Mario Delfiori* & de quelques autres; un grand nombre de Miniatures d'après les plus excellens Peintres; comme *Raphaël*, *Carache*, & *Pouſſin*. Il y a auſſi deux cens feüilles du même ouvrage, qui repreſentent des Oiſeaux : outre cela des Aimaux, de ceux que l'on faiſoit à Limoges dans le ſiecle paſſé, & que l'on achetoit tres cher, faits ſur l'or ou ſur l'argent, dont le ſecret eſt perdu. Il y a des peintures de Bois de raport, dont les couleurs ſont auſſi belles que ſi elles avoient été appliquées avec le Pinceau.

Mais ce qui eſt infiniment plus curieux que toutes ces choſes, eſt le grand nombre d'Agates, entre leſquelles il y en a quarante plus grandes que les autres, la plûpart antiques, qui repreſentent des Têtes d'Empereurs, & des Sacrifices, qui ſont parfaitement bien taillées. Celles qui ſont modernes, ont été gravées par le *Coldoré* celebre Lapidaire, & par quelques autres auſſi habiles que lui; avec cela une petite chaîne de ſix gros grains au ſſi d'Agate.

Cependant ce ne ſont pas là les plus precieuſes Pieces de ce Cabinet; on eſtime bien davantage douze Bracelets, compoſez d'Agates, de Cornalines, d'Onix, de Jaſpe &

de

de Prime d'Emeraudes garnis d'or, qui font ensemble cent cinquante gravûres antiques, qui representent des Deïtez Romaines, & tous les Empereurs depuis Jules Cesar jusque à Labienus Posthumus, avec trentesix Imperatrices. Entre les Empereurs les Têtes de Pescenius Niger, & des deux Africains, se trouvent gravées sur de tres-belles Onix. On doit regarder cette suite comme une des plus singulieres raretez qu'il y ait à present, & elle est sans contredit l'unique qui soit au Monde de cette sorte ; car on ne sçait point encore que personne se soit avisé de faire une suite de pierres antiques gravées, comme l'on fait ordinairement de Médailles ; & celle-ci est l'ouvrage des quatre plus fameux qui aïent jamais paru en France, qui ont travaillé plus de cinquante ans à la rendre complete comme elle est à present.

Il y a encore avec cela quatre autres Agates aussi antiques gravées en creux, qui representent l'Histoire du Triumvirat, les Têtes de Cesar, de Marc-Antoine, & de Lepidus, sont sur les trois principales, & Cleopatre sur celle d'enbas : sur un Jaspe verd oriental, de figure ovale qui est au milieu, une colonne est representée, au pié de laquelle un Soldat leve la pointe de son poignard, qui étoit nommé par les Anciens *Columna execrata*, parce que le Senat & M. Antoine l'avoient fait ériger à

la

la memoire de Jules Cesar ; afin que tous les Soldats vinssent devant faire serment de vanger la mort de ce grand Empereur. Elle fut abatuë par Dolabella. Cette Inscription est gravée autour de cette belle Agate , qui en explique toute l'Histoire.

MART VL. AUX. D. JUL. LACRI.
    C'est à dire, *Marti, ultori , auxiliatori Divo Julio Lacrima.*

Il y a une Urne sur cette colonne , & le *Sidus Julium* à côté , qui parut aprés la mort de Cesar , à ce que disent les Historiens.

Les autres choses sont des Anneaux d'or garnis de pierres precieuses , de Rubis , d'Emeraudes , de Topases d'Orient ; un grand Diamant en bouton tres parfait ; un autre d'un jaune tres parfait ; un autre d'un jaune tres-vif , un Aigue marin oriental ; un gros Rubis violet de vint-huit grains ; une opale orientale de la figure d'un petit Lion ; trois grands Boëtiers , remplis de pierres gravées antiques , tant en creux qu'en reliefs , des Coquilles des plus bizares & des plus rares ; une suite de cent Médailles d'argent imperiales , & cent autres Grecques & Romaines , des mieux choisies , du Padoüan.

Comme rien ne manque à ce riche Cabinet, l'on y trouvera aussi des Armes de
Per-

Perſe & de Turquie, des Cimeteres, des
Poignards, & des Coûteaux d'Acier de
Damas, dont les poignées ſont de pierreries, raportées d'or & garnies de pierres
precieuſes, il y a avec cela des Vernix du
Japon & des plus belles Porcelaines, des
Livres curieux, & des morceaux
d'yvoire travaillez en ſculpture, avec
quantité de Chapelets d'Agate: enfin mille
autres choſes de cette ſorte, qui demande-
roient une longue deſcription s'il faloit les
expliquer toutes. Ce que l'on voit dans
ce Cabinet, eſt d'une beauté que l'on ne
trouve point ailleurs; parce que celui qui
l'a aſſemblé s'y connoiſſoit parfaitement,
& qu'il n'épargnoit rien pour avoir une
choſe de quelque prix qu'elle pût étre,
quand une fois elle lui plaiſoit. Ainſi on
aura dans cette Maiſon dequoi ſe ſatisfaire,
& perſonne n'en ſort qui ne ſoit content.
La civilité que l'on fait à ceux qui y viennent, donnant autant de ſatisfaction, que
les belles choſes que l'on a vû cauſent
d'admiration.

Plus avant & du même côté dans la Ruë
de l'Uuniverſité, eſt

L'HOTEL TAMBONNEAU, qui eſt
parfaitement bien bâti. Il eſt du deſſein
du ſieur le Veau.

Le reſte de cette Ruë ne merite pas que
l'on ſe donne trop de peine à l'examiner,
quoi qu'il y ait quelques maiſons aſſez lo-

 gea-

geables. Entr' autre celles où demeure
Monsieur le Grand-Prevôt.

LE SIEUR LOGEOIS , autrement
nommé le Marquis d'Imbercour, un des
Fermiers Generaux des cinq grosses Fermes , en fait bâtir une qni sera grande &
commode,& qui lui coutera plus de quatre
vints mille écus , avant qu'elle soit achevée.

Vis-à-vis l'Hôtel Tambonneau , il ne
faut pas oublier d'aller voir M. PELITOT,
qui est le plus habile Emailleur qui soit en
Europe : c'est lui qui fait ces beaux Portraits en émail , que l'on enchasse dans des
bordures de Diamans ; dont on fait des
presens aux Ambassadeurs , ou des bracelets , qui ne sont pas ordinairement plus
grands qu'une piece de quinze soûs , & qui
souvent sont beaucoup plus petits. On peut
dire hardiment que personne n'a jamais
mieux entendu cette sorte d'ouvrage que
lui , & n'a mieux attrapé la ressemblance
qu'il fait.

Au bout de cette Ruë dans une maison
qui est assez proche de l'Hôtel des Mousquetaires , on va voir un Miroir d'Acier,
qui fait des effets surprenans quand il est
exposé au Soleil , en dissolvant les corps les
plus durs & les plus incombustibles. Il est
beaucoup plus grand que ceux que l'on a
vû jusqu'à present. Le pié sur lequel il est ,

n'est

n'eſt pas moins ſingulier étant auſſi d'A-
cier, travaillé avec beaucoup d'art & de
patience.

LES PETITS AUGUSTINS.

LE Couvent de ces Peres eſt dans la
Ruë qui porte leur nom, & qui
conduit de la Ruë du Colombier
au bord de la Seine. Leur Maiſon n'a rien
d'extraordinaire non plus que leur Egliſe.
Le grand Autel eſt d'une menuiſerie aſſez
bien travaillée, peinte en marbre ornée
de Statuës, qui ſont fort eſtimées, ſur
tout celles de l'Agoniſant. Elles ſont de
terre cuite, faite par un nommé *Biardeau*,
d'Anjou, auſſi bien que toutes les autres,
qui ſont d'une fort bonne maniere. M. Varin eſtimoit la tête de cét Agoniſant au
poids de l'or. Marguerite de Valois, femme de Henri IV. & Sœur de Henri III. a
été une de leurs principales Bien faitrices,
& par Teſtament elle leur laiſſa une partie
de ſa vaiſſelle d'argent ; dont ils ſe ſont
ſervis pour faire la belle argenterie qu'ils
expoſent les jours de Fêtes. Cette Reine a
particulierement fait bâtir la Chapelle à
main droite à côté du grand Autel, qui eſt
en Dôme & la premiere que l'on ait élevée
à Paris de cette maniere. Cette Inſcription
y eſt gravée ſur un marbre noir.

 LE

LE 2. MARS MIL SIX CENS HUIT, LA REINE MARGUERITE DUCHESSE DE VALOIS, PETITE FILLE DU GRAND ROI FRANÇOIS, SOEUR DE TROIS ROIS, ET SEULE RESTE'E DE LA RAGE DES VALOIS ; AIANT ETE' VISITE'E ET SECOURUE DE DIEU, COMME JOB ET JACOB ; ET LORS LUI AIANT VOUE' LE VOEU DE JACOB, ET DIEU L'AIANT EXAUCEE',ELLE A BATI ET FONDE' CE MONASTERE, POUR TENIR LIEU DE L'AUTEL DE JACOB ; où ELLE VEUT QUE PERPETUELLEMENT SOIENT RENDUES ACTIONS DE GRACES, EN RECONNOISSANCE DE CELLES QU'ELLE A RECEUES DE SA DIVINE BONTE. ELLE A NOMME' CE MONASTERE DE LA SAINTE TRINITE', ET CETTE CHAPELLE DES LOUANGES, où ELLE A LOGE' LES PERES AUGUSTINS DECHAUSSEZ.

On connoit par là, que ces Peres étoient autrefois plus austeres qu'ils ne sont pas à present, puis qu'ils étoient déchaussez. Cette Reine fit cette fondation en faveur de son Confesseur, qui étoit de cét Ordre, qui se nommoit François Amet, originaire de la Ville de Montargis; on doit aller voir leur Biblioteque, qui est assez jolie. Ils ont parmi eux LE PERE LUBIN, qui passe pour un des plus sçavans Geographes, que nous aïons. C'est lui qui a traduit la Rela tion de la Laponie, que l'on vend chez la veuve de Varennes au Palais.

Dans

Dans la Ruë de Seine derriere le College des Quatre Nations, est

L'HOTEL DE LA ROCHE-FOU-CAULT, que l'on nommoit autrefois l'Hôtel de Liancourt, dont le bâtiment est fort regulier & d'une ordonnance assez belle. On y voïoit autrefois de fort beaux Tableaux, mais ils ont été dispersez depuis la mort de Monsieur le Duc de Liancourt, qui les avoit assemblez.

LA RUE MAZARIN est parallele à celle-ci. Elle est ainsi nommée, depuis que l'on a bâti le College des Quatre Nations qui en occupe une partie, dont le Cardinal Mazarin a été le Fondateur.

Au milieu de cette Ruë est le Theatre de de la Comedie Françoise, vis à-vis la Ruë de Guenegaud, le seul endroit où l'on represente à present des Pieces Françoises. Autrefois il y en avoit trois à Paris, où ces Spectacles se donnoient, au Palais Roïal, au Marais du Temple, & à l'Hôtel de Bourgogne : mais depuis l'invention des Opera, ces choses ont été changées ; & la Troupe qui represente sur le Theatre de Guenegaud est restée seule. On y represente souvent des Pieces nouvelles qui sont fort agreables : mais qui ne sont pas de la beauté de celles de M. Corneille, ni de M. Racine, pour le serieux, non plus que de celles du fameux Moliere pour le Comique. Tous les Etrangers conviennent ce-

pen-

pendant que la Scene Françoise est la plus
belle & la plus magnifique de l'Europe,
soit pour la decoration du Theatre, soit
pour la beauté des Pieces que l'on y represente, les Comediens n'épargnant rien
d'ailleurs pour satisfaire les spectateurs
par la richesse des habits dont ils se parent.
Il y en a même quelques-uns d'entr'eux
qui composent des Pieces, ce qui fait qu'ils
en sont beaucoup plus habiles, & qu'ils
entrent bien mieux dans le caractere qu'ils
representent.

De la Ruë Mazarin l'on peut entrer
dans la Ruë de Guenegaud, où demeure
MONSIEUR L'ABBE' DE LA RO-
QUE, Auteur du *Journal des Sçavans*, qui
le donne tous les quinze jours, & que les
Curieux reçoivent avec un extrême plaisir,
à cause des belles choses dont ce sçavant
Auteur a soin de l'enrichir, M. de Salo,
Conseiller du Parlement, a été le premier
qui a commencé ce Journal en 1665. &
même c'est lui qui en a donné l'idée aux
Etrangers, qui en ont trouvé l'invention
si utile & si belle, qu'à son imitation on en
a fait en divers endroits de l'Europe. M.
l'Abbé Gallois continua le Journal quelques années aprés, depuis 1666. jusques
en 1674. que M. L'ABBE' DE LA RO-
QUE l'entreprit, qui y a toûjours travaillé depuis ce temps-là avec un succés qui lui

a aca acquis une tres-grande reputation dans le monde.

Il tient chez chez lui des Conferences les Jeudis, où se trouvent ordinairement plusieurs Sçavans, qui viennent lui proposer les découvertes qu'ils ont faites dans les Arts ou dans les Sciences.

De cette Ruë on peut aller sur le Quay des Augustins, qui commence au Pont saint Michel, & qui va tout du long de la Riviere jusqu'au Pont-Neuf.

LE COUVENT DES GRANDS AUGUSTINS.

LA Maison de ces Peres n'est pas d'une plus haute antiquité que celles des autres Mendians dont on a parlé. Les Historiens disent qu'ils vinrent à Paris environ l'année 1270. & que l'on les nommoit pour lors *Hermites de saint Augustin.* La premiere Maison qu'ils habiterent, fut proche la Porte de Montmartre, dans la Ruë des vieux Augustins qui en a retenu le nom ; & l'Eglise de sainte Marie Egyptienne, que l'on y voit encore, leur a servi pendant le temps qu'ils ont demeuré dans ce Quartier. Ils changerent quelques années aprés & vinrent dans la Ruë des Bernardins, où est à present saint Nicolas du Chardonnet : mais enfin ne trouvant pas plus de commodité en cét endroit que dans

 les

le premier , ils se resolurent de changer
encore une fois , & s'associerent peu de
temps aprés avec des Penitens nommez
Sachets , vétus d'une maniere de sacs , que
saint Loüis avoit logez sur le bord de la
Seine , dans le même lieu où est à present
ce Couvent , qui leur cederent enfin la place & furent dispersez en divers lieux.
L'Eglise de ces Peres ne fut bâtie que sous
Charles V. surnommé *le Sage* , comme on
le peut remarquer par l'Inscription que
l'on lit au bas de sa Statuë , placée à l'entrée de la grande Porte en entrant à main
droite.

Primus Francorum Rex Delphinus fuit
    iste ,
Exemplar morum , CAROLUS *dictus* ,
    bone Christe ,
Merces justorum dilexit fortiter iste ,
Hic patet exemplum , tibinam complevit
    honore ,
Hoc præsens templum Deo ditetur honore.

Elle fut dediée par Guillaume Chartier ,
Evêque de Paris en l'année 1453 , assisté
d'un grand nombre de Prelats , qui firent
cette ceremonie avec beaucoup d'appareil.
Le grand Autel est un ouvrage des plus modernes ; il n'y a pas deux ans qu'il est achevé ; M. le Brun en a donné le dessein qui
ne s'est pas fort éloigné de S. Severin. On
    re-

remarquera que la menuiserie du Chœur est une des plus belles de Paris, aussi bien que la Tribune qui est entre le Chœur & la Nef, ornée de colonnes de marbre noir, selon l'ordre Corinthien. De chaque côté de la Porte qui est dessous il y a deux Chapelles, une dediée à la sainte Vierge, & l'autre à saint Nicolas de Tolentin. La Chaire du Predicateur a aussi été embellie de quelques menuiseries dorées, & on a conservé les bas reliefs qui sont autour à cause qu'ils sont de Germain Pilon; que ces Peres cependant se sont avisez depuis peu de faire dorer.

Il y a dans cette Eglise quelque Tombeaux de personnes illustres, dont PHILIP-PES DE COMMINES est le plus connu & le plus renommé, qui vivoit sous Loüis XI. dont il êtoit premier Secretaire. Les Memoires qu'il a laissez sont si beaux & si utiles, qu'ils ont été traduits en Latin avec des Commentaires & des Notes; & M. Godefroy, Historiographe de France, en a fait imprimer une édition Françoise au Louvre, sur l'Original en langue du temps qu'il a illustrée d'une quantité de remarques curieuses. Ce sçavant homme est enterré avec sa femme dans une petite Chapelle basse, derriere l'Autel des Chevaliers du saint Esprit; & l'on ne peut voir son Tombeau, si le Sacristain n'ouvre la porte du lieu où il est, qui ne paroît point au dehors.

hors. Il ne faut pas oublier de regarder le
grand Tableau qui est dans cette Chappel-
le , qui represente la descente du saint
Esprit sur la sainte Vierge & sur les Apôtres , il est du . . . fameux Peintre. Il y en a
encore un de la même grandeur à côté où
Loüis XIII. est peint en habit de ceremonie , donnant le Collier du Saint Esprit à
un Seigneur , assisté des principaux Officiers de l'Ordre , aussi habillez de la même
maniere. C'est dans cette Chapelle que se
font les ceremonies des grandes promo-
tions , & Henri III. la choisit lors qu'il in-
stitua l'Ordre du S. Esprit , le dernier jour
du mois de Decembre 1579. comme on le
voit par une Inscription que l'on a ôtée depuis peu , dont voici la copie.

Fortissimis & prudentissimis utriusque militiæ
Equitib. prisca nobilitatis bello & pace optimè
de Rep. meritis HENRICUS III. Galliæ &
Poloniæ Rex augustus , divini Spiritus apud
Christianos Symbolum pro equestri Stemmate
esse voluit , jussit , decrevit plaudente , ve-
nerante populo & vota pro salute Principis
nuncupante ob singularem ipsius pietatem.

LUTETIÆ PARISIORUM.

KAL. JANUAR. CIƆ. IƆ. LXXIX

Il ne faut pas negliger de lire l'Epitaphe du
sça-

sçavant M. DE SAINTE-BEUVE, Pari-
sien, Docteur de Sorbonne , & tres-re-
nommé à cause de son profond sçavoir &
de sa probité extraordinaire , qui lui ac-
quirent l'une & l'autre l'estime & la con-
fidence des plus illustres Prelats de son
temps. Cét Epitaphe est de M. son Frere,
on l'a mis à côté du grand Autel sur une table de marbre noir. En voici la copie.

H*IC situs est JACOBUS DE SAIN-*
TE-BEUVE , Presbyter, Doctor ac
Socius Sorbonicus , & Regius S.
Theologiæ Professor.
Qui vixdum XXVIII. transgressus annum,
à Clero Ecclesiæ Gallicanæ anno M. DC.
XLI. Meduntæ congregato
Cum aliquot viris eruditis ad componendum
Theologiæ Moralis corpus est delectus :
Et biennio post in Schola Sorbonæ Theologiam
docuit magnâ fama , studiosorum fre-
quentiâ.
Doctrinam ejus eximiam cum singulari pie-
tate sapientiaque conjunctam
Testantur nonnullarum Galliæ Ecclesiarum
Breviaria ac Ritualia diligentissimè emen-
data ;
Plurimi hæretici ad Catholicam Religionem
felicissimè adducti ;
Multæ controversiæ privatorum , qui ipsum
ultro arbitrum elegerant compositæ ;
Complures omnium ordinum ad emendationem
mo-

morum prudentiſſimis admonitionibus con-
ſiliiſque compulſi.
Càm idem undique non à Civibus & Popula-
ribus modò, ſed etiam ab Exteris
De rebus ad diſciplinam Eccleſiaſticam & ad
mores pertinentibus quotidie conſulere-
tur, cunctiſque indefeſſus ſatisfa-
ceret :
Antiſtites, qui ex omnibus Regni Francici
Provinciis anno Domini M. DC. LXX.
apud Pontem Iſaræ Conventum ha-
bebant,
Virum optimè de Eccleſia meritum honorario
donavere.
Vixit annos lxiv. Obiit xviii. Kalendas
Januarias anno M. DC. LXXVII.

HIERONYMUS DE SAINTE BEUVE, PRIOR MONTIS AU-REOLI FRATRI OPTIMO AT-QUE CARISSIMO MOERENS POSUIT,

Dans leur Cloître il y a une Statuë de ſaint François à genou, qui le repreſente dans l'état où il pouvoit être lors qu'il reçut les Stigmates. On eſtime beaucoup cette Statuë, à cauſe qu'elle eſt de Germain Pilon, qui en fit preſent à ces Peres en 1588.

Les Aſſemblées du Clergé ſe tiennent

or-

ordinairement dans ce Couvent, comme on l'a vû dans ces dernieres années.

LA RUE DAUPHINE est fort proche. Elle a été ainsi nommée à cause qu'on la bâtissoit lors que Loüis XIII vint au monde. Ce n'étoit autrefois que de vieux Jardins, remplis de mazures fort incommodes, au travers desquels on perça cette Ruë au bout du Pont-Neuf. Il y avoit à l'extremité une porte du même nom, que l'on a abatuë il y a dix ou douze ans, pour unir le Faux-bourg à la Ville. Aprés cette Ruë en suivant toûjours le cours de la Riviere, est

L'HOTEL DE CONTI. C'étoit autrefois l'Hôtel de Nevers : mais cette Maison aïant manqué en France aprés le mariage de deux Princesses qui en étoient restées, dont l'une fut mariée à Casimir Roi de Pologne & l'autre au Prince Edoüard, de la Maison Palatine, l'Hôtel de Nevers passa en d'autres mains ; Monsieur de Guene-gaud, Secretaire d'Etat, l'acheta, & y fit faire des augmentations tres-considera-bles. Comme c'étoit un homme des plus riches & des plus magnifiques, il n'épar-gna rien pour l'embellir au dehors & au de-dans, & fit élever plusieurs maisons dans la Ruë, qui est derriere les murs du Jardin, que l'on nomme de son nom, qu'elle con-serve encore à present. L'entrée de cét Hô-tel est d'une grande apparence, les dedans y cor-

y correspondent tres-bien. Il faut demander à voir la Chapelle qui est tout-à-fait jolie, ornée de colonnes Corinthiennes, &
d'autres ornemens d'un tres-bon goût.
Elle est de Mansard aussi bien que le grand
Escalier que l'on estime fort. Le Jardin est
assez agrable, il est planté d'une allée d'arbres, avec un grand Parterre. Les Appartemens y ont leurs veuës, ce qui les rend
fort gais en Eté. Madame la Princesse de
Conti défunte, une des plus sages & des
plus vertueuses de ce siecle, en fit un échan-
ge avec M. de Guenegaud, contre sa belle
Maison du Bouchet, qu'elle lui donna, a-
vec le vieil Hôtel de Conti, où demeure à
present Monsieur le Duc de Crequi. Dans
le recoin de cét Hôtel est une grande maison, qui ne paroît point en dehors, & qui
dépend aussi de cét Hôtel. On ne peut gue-
res desirer de bâtiment mieux entendu &
plus propre que celui-ci. Monsieur le Prince de la Roche sur-Yon y demeure à present afin de n'étre pas éloigné de Monsieur
le Prince de Conti son frere.

Dans les maisons qui se trouvent entre
cét Hôtel & le College des Quatre-Nations, MONSIEUR L'ABBE' DE LA
CHAMBRE, de l'Academie Françoise a
pris un logement. On verra chez lui de belles curiositez. Il a un tres-grand nombre de
toutes sortes d'excellens Livres, entre
lesquels on en trouve quantité d'Estampes
& d'Ar-

& d'Architecture. Mais ce qui eſt de plus rare, eſt le Buſt en marbre du fameux Cavalier Bernin, fait à Rome peu de temps avant ſa mort, & un Buſt du Chriſt du même Maître, avec un autre de M. de la Chambre ſon Pere, dont le nom eſt ſi illuſtre entre les gens de Lettres, par tant de beaux Ouvrages qu'il a donnez au Public, & par le caractere particulier qu'il avoit de traiter les matieres les plus ſçavantes avec beaucoup de netteté & de politeſſe. On peut voir encore chez Monſieur l'Abbé de la Chambre des Copies des plus belles Pieces de Pouſſin, & des modelles en cire de quelque Statuës de Bernin. Tout proche eſt

LE COLLEGE DES QUATRE-NATIONS.

IL y avoit autrefois en cét endroit la vieille Porte de Neſle, avec une Tour fort élevée qui embaraſſoit beaucoup ce quartier. Les heritiers du Cardinal MAZARIN qui a fondé ce College par ſon Teſtament, pour executer ſon deſſein, acheterent cette Place, & firent ce qui embaraſſoit le Plan que ce Cardinal avoit lui-même imaginé. Ce Quay qui étoit interrompu en cét endroit, fut continué juſqu'au Pont-Rouge ; & enfin on éleva les bâtimens tels que l'on les voit à preſent, qui ſont d'une tres-belle ordonnance au dehors.

dehors. Ce font deux gros Pavillons quarrez fort avancez , ornez de Pilaftres Corinthiens,qui dans un demi-cercle qui fe trouve entre-deux, font une petite place au fond
de laquelle eft la porte de la Chapelle , élevée fur quelques degrée & ornée de fix colonnes Corinthiennes, qui forment une
maniere de Portique. Sur tout l'ouvrage
qui avance un peu plus que les aîles , on y
a placé douze Statuës, qui reprefentent les
quatre Evangeliftes , les Peres de l'Eglife
Gréque & les Peres de l'Eglife Latine ; qui
fervent d'accompagnement au Dôme qui
eft deffus , enrichi au dehors de tous les
ornemens que l'on peut demander , de
plombs dorez , en feftons & en feüillages
fur l'Ardoife, taillée en écaille de Poiffon.
Le dedans de l'Eglife n'eft pas dans l'état
où il doit être quelque jour ; & le Tombeau du Cardinal Mazarin que l'on y doit
mettre n'eft pas encore commencé. Gette
Infcription eft fur la frife du Portail.

JUL. MAZARIN. S. R. E. CARD. BASI-
LICAM ET GYMNAS. F. C. A.
M. D. C. LXI.

Le dedans de ce College eft tres-fpacieux.
Il eft compofé de deux cours , dont la premiere & la plus petite eft ornée de chaque
côté de deux Portiques , l'un qui conduit
à l'Eglife, & l'autre qui fert d'Efcalier pour
monter

monter aux Appartemens du devant. La
seconde est tres-grande, & tout le bâtiment regne d'un côté seulement, il y a
pour loger un tres grand nombre de personnes fort commodement. Les Classes sont
en bas dans les Salles, qui sont de plein pié
avec la cour; mais ce n'est pas où il faut
long-temps s'arrêter, on doit aller voir
la Biblioteque, composée de trente-cinq
mille Volumes, que le Cardinal Mazarin
avoit amassez avec beaucoup de soin & de
dépence. Elle est tres-bien disposée, & les
Armoires sont d'une menuiserie ornée de
colonnes & de Sculptures. Comme elle a
une grande longueur, elle occupe un des
Pavillons qui avance sur le Quay. M. de la
Potrie, qui est un des hommes du Roïaume qui se connoît le mieux en Livres, en a
le soin, & la fait voir aux Curieux fort o-
bligeamment. On pretend qu'elle sera publique & que l'on poura y aller étudier à
certains jours de la semaine, comme l'on
fait à celle de saint Victor; mais l'on ne
sçait pas encore quand cela se fera. Les fonds
affectez pour l'entretien de ce College sont
fort considerables. Outre l'Abbaïe de saint
Michel en Herme, qui est d'un grand revenu, il y a encore plusieurs maisons qui
sont dans la Ruë Mazarin, dont on tire une
tres grande somme d'argent. Le dessein
du Cardinal Mazarin a été que l'on entre-
tienne des Gentilshommes de quatre Nations

ons differentes, dont le Païs a été si long-
temps le Theatre de la guerre, & qu'ils soi-
ient instruits dans tous les exercices qui
conviennent à des gens de qualité. Il doit
y en avoir soixante en tout, quinze des environs de Pignerol pour l'Italie; autant
d'Alsace pour l'Allemagne; vint des Païs-
bas Catholiques; & dix du Roussillon; afin
que ces gens-là goûtant les manieres de
France, aïent de l'affection pour la Nation, qui leur a fait tant de bien. Messieurs
les Docteurs de Sorbonne doivent en être
les Directeurs, & y enseigner les Huma-
nitez. On y apprendra à monter à cheval,
& il y a déja un lieu destiné pour y faire un
Manege. On leur montrera à danser, à faire des armes, à voltiger, les Mathematiques, les belles Lettres; & ces Gentilshommes seront entretenus gratuitement
de toutes choses, sans qu'il leur en coûte
rien; ce qui fait estimer cette fondation
comme une des plus utiles & des plus belles que l'on puisse faire.

Sur le Quay qui regne le long de la Riviere, on a mis cette Inscription sur un
marbre noir, qui regarde le Louvre, elle
est de M. Blondel.

LUDOVICO MAGNO.

RIPAM HANC UT RIPÆ ALTERIUS DIGNI-
TATI RESPONDERET QUADRO SAXO CC.
PRÆF. ET ÆDIL.   ANN.

ANN. M. DC. LXIX. & M. DC. LXX.

L'Hotel de Crequi eſt du même côté. Monſieur le Duc de Crequi, Gouverneur de Paris, & l'un des quatre premiers Gentilshommes de la Chambre, y demeure. On y voit des Tableaux tres curieux & des meubles tout-à fait riches.

L'Hotel de Bouillon eſt enſuite, dont les Appartemens ſont magnifiques & ornez de Plafons, où les plus beaux ornemens n'ont pas été épargnez.

La Maiſon qui fait le coin de la Ruë des ſaints Peres, à preſent occupée par Monſieur le Maréchal d'Humieres, Gouverneur de Flandres. Elle eſt bâtie fort regulierement, & il n'y manque rien qu'un peu plus d'eſpace pour la rendre plus claire.

Plus avant eſt la Maiſon de feu Monsieur le President Perault, Intendant de Monſieur le Prince, qui a été bâtie avec beaucoup de dépence. Il faut voir ſur tout la Galerie qui donne ſur la Riviere, percée des deux côtez également & ornée de divers Tableaux, qui repreſentent les premieres perſonnes de la Famille Roïale de France, avec une longue Carte Genealogique, en Velin, de la maiſon de Bourbon, où ſont tous les Portaits de ces Princes en mignatures, depuis saint Loüis jufqu'au Regne d'à prefent. Dans le Jardin il y a quelques Statuës affez belles, deux Gladiateurs en couleur de bronze, la Venus Medicis, & un jeune Bacchus de même, avec quelques autres, affez bien moulées fur les Antiques de Rome. Le grand Berceau de fer eft remarquable à caufe de fa hauteur, & qu'il eft le premier que l'on ait fait de cette forte. Il ne faut pas oublier la Chapelle où il y a un Tableau *d'Albert Duret*, que l'on eftime beaucoup, & quelques copies des Sacremens du fameux Pouffin. Voilà en gros ce qu'il y a de remarquable, fans parler des meubles qui étoient fort propres pendant la vie du Maître, qui paffoit pour un des Hommes du Royaume des plus curieux & du meilleur difcernement.

LES THEATINS font enfuite. Le Cardinal Mazarin en a été le principal Fondateur, leur aïant laiffé en mourant une groffe fomme d'argent pour bâtir leur Eglife; qui a été commencée avec beaucoup de dépence, mais qui eft demeurée imparfaite, à caufe que l'entreprife alloit bien plus haut que le legs que l'on leur avoit fait. Ces Peres font les feuls de cét Ordre qu'il y ait en France; & le Cardinal Mazarin a été le premier qui les a fait venir d'Italie.

La derniere maifon que l'on a à voir dans cette fuite, auffi fur le bord de l'eau eft

L'HO-

L'Hotel de Mailly, que l'on bâtit encore, qui fera tres-commode & tres-agreable, puis que les veuës en font étenduës fur les Tuilleries & fur le Cours de la Reine, qui font les plus belles promenades de Paris.

Le Cours de la Reine eft de l'autre côté de la Riviere, au bout des Tuilleries, il a été planté de quatre rangées d'Arbres, comme il eft, par les foins de Marie de Medicis, qui donna au Public cette agreable promenade ; le Maréchal de Baffompierre a fait revétir de pierre de taille toute la longueur du côté de la Riviere. Il eft long d'un ftade Romain, & à fes extremitez il y a des portes de fer, foûtenuës de quelques ouvrages de Maçonnerie ruftique, qui font un tres-bel effet. Cette promenade eft d'autant plus agreable, qu'elle eft fi-tuée fur le bord de la Riviere, qui lui donne une fraîcheur, qui attire en Eté tout ce qu'il y a de beau monde dans Paris. On y conte fouvent jufqu'à fept ou huit cens Carroffes, qui fe promenent dans le plus bel ordre du monde, & fans s'embarraffer l'un l'autre en aucune maniere.

Voilà les principales chofes que l'on peut remarquer dans le Quartier du Faux-bourg S. Germain. Il y peut encore avoir

 quel-

quelques autres raretez affez fingulieres ;
mais comme elles fe trouvent chez des particuliers , qui ne fe foucient pas que l'on le
fçache , l'on a jugé à propos de n'en rien
dire , pour les obliger & pour épargner la
peine aux Curieux d'aller demander à
les voir , avec le hazard peut-étre d'être
refufez,

L'ISLE.

DU PALAIS.

VOICI enfin le dernier Quartier qui nous reste à décrire, quoi que selon l'Histoire & selon l'Antiquité, ce fût le premier dont on devoit parler : mais on n'a pas jugé à propos de le faire, pour des raisons que l'on a alleguées au commencement de ce Livre. Autrefois toute la Ville de Paris consistoit seulement dans l'espace qui se trouve entre les deux bras de la Seine ; aussi a t-il encore retenu son ancien nom de *Cité* C'est le Quartier le plus peuplé, & en mêmetemps le plus incommode, à cause de la confusion des maisons fort hautes la plûpart qui rendent les Ruës étroites & obscures.

Ce qu'il y a de plus remarquable, sont quelques Eglises & le Palais, où le Parlement tient son Siége.

L'E-

L'EGLISE DE NOTRE-DAME.

CEtte Eglise est la Cathedrale de Paris, & le Siége d'un Archevéché, qui a été érigé sous le Pontificat du Pape Urbain VIII. en l'année 1622. Ce n'étoit auparavant qu'un Evéché mais tres ancien, puis-que saint Denis qui vivoit peu de temps aprés les Apôtres en a été le Fondateur. Cette Eglise dans les premiers siecles Catholiques, fut nommée par les Chrêtiens du nom de ce Saint son Fondateur : mais aïant été rebâtie sous le Regne de Childebert, premier Fils de Clovis, environ vers l'année 522. elle fut dediée à la sainte Vierge, dont elle a toûjours conservé le nom. Le Roi Robert, un des plus pieux & des plus sages que la France ait eu, voïant que l'ancien bâtiment n'avoit pas toute la beauté & toute la magnificence qu'il pouvoit avoir, en entreprit un nouveau : mais comme le dessein étoit d'une fort grande entreprise, l'on n'en pût voir la fin que plusieurs années aprés. Il falut que Henri premier son Fils, Philippes premier, Loüis le Gros, Loüis le Jeune, & Philippe Auguste, ses Successeurs y donnassent leurs soins ; si bien qu'elle fut achevée sous le Regne glorieux de ce dernier ; comme il le faut presumer, à cause qu'il est representé le dernier des vint-qua-

quatre, qui sont dans la suite sur le grand frontispice.

L'Ouvrage de cette Eglise est d'une maniere gotique, des plus belles & des mieux entenduës qu'il y ait en France. Elle est tres-remarquable à cause de sa grandeur & de sa solidité. Les Voûtes sont fort élevées & ont dix sept toises de hauteur. La largeur est de vingt-quatre, & la longueur de soixante & cinq. Les deux grosses Tours quarrées qui sont sur le devant, sont de trente-quatre toises, dont le dessus est en terrasse ; ce qui fait que de ce lieu-là on peut commodement découvrir tout Paris. Les Cloches qui sont dans ces Tours, sont fort belles, & depuis peu la grosse a été fonduë, pour laquelle le Chapitre a fait une dépence tres-considerable, quoi qu'elle n'ait pas pour cela le son fort agreable. Tout le corps de l'Eglise est couvert de plomb ; & il est aisé de juger quelle prodigieuse quantité il en a falu, pour couvrir un si grand toit.

Pour ce qui est du dedans de l'Eglise, les Curieux qui aiment la peinture, trouveront dequoi se satisfaire, en considerant les grands Tableaux, dont tous les piliers sont garnis. Ceux qui sont dans le Chœur, sont beaucoup plus beaux que les autres. Il y en a deux de M. le Brun, un qui represente le Crucifiment de saint Pierre, & l'autre le Martyre de saint Etienne, un de le Sueur,

qui fait voir faint Paul au milieu d'une place publique, faifant mettre au feu des Livres de Magie devant la porte du Temple,
dont le Portique eft foûtenu de colonnes.
On doit regarder ce Tableau comme une
des plus belles chofes que l'on puiffe voir,
à caufe qu'il eft de la meilleure maniere
de cét excellent Maître; qui au fentiment
de quelques habiles, eft eftimé le fecond
des Peintres François de ce fiecle-ci aprés
le fameux Pouffin. Tous les ans le premier
jour du mois de May les Orfévres en font
prefent d'un, & l'on fe fert de quelque
Peintre renommé, qui eft bien aife de fe
faire connoître & d'acquerir de la reputation: mais cette année cette coûtume a été
interrompuë, quoi que cependant on efpe-
re que dans la fuite ce fera la même chofe.
Il eft peu d'Eglifes Cathedrales en Europe
où le Service Divin fe faffe avec plus d'exactitude & plus de reverence. Le Chapitre eft
compofé de cinquante Chanoines, entre
lequels il y en a d'illuftres par leur merite.

MONSIEUR JOLI, Chantre & Chanoine, eft connu entre les autres pour un
homme d'une probité & d'une exactitude à
l'Office tout-à-fait extraordinaire, & qui
joint un tres-rare merite à un fçavoir tout-
à-fait profond. Il a mis au jour plufieurs
Ouvrages, dont quelques-uns font déja
fort rares. Voici les principaux.

Trai-

Traité Hiſtorique des Ecoles Epiſcopales, 1678.

Propoſitions Chrêtiennes pour le ſoulagement des Pauvres, 1652.

Voyage fait à Munſter en 1646.

Traduction des deux Livres de l'état du Mariage, compoſez par Francois Barbaro, Noble Venitien.

Inſtruction Chrêtienne pour les Financiers, 1667.

Avis Chrêtiens & Moraux pour l'Inſtitution des Enfans.

La Veuve Chrêtienne dediée à la Reine-Mere défunte.

Divers Opuſcules tirez des Memoires de M. Antoine Loiſel, Avocat en Parlement, ſon ayeul maternel.

De Verbis Uſuardi quæ in Martyrologio Eccleſiæ Pariſienſis referuntur in Feſto Aſſumptionis B. Mariæ Virginis in 12. 1662.

Traditio antiqua Eccleſiarum Franciæ ſeu totius Imperij Occidentalis, quæ in ipſius Martyrologio ad Feſtum Aſſumptionis B. Mariæ Virginis referuntur vindicata 1672.

On lui en attribuë encore quelques autres, dont voici les Titres.

Recüeil de Maximes veritables & importantes pour l'Inſtitution du Roi.

Codicille d'or ou petit Recüeil tiré de l'Inſtitution du Prince Chrêtien, compoſé par Eraſme, mis en Francois ſous le Roi Francois I & à preſent pour la deuxiéme fois, avec d'autres petites Pieces, 1665. in 12.   H 5   Trai-

Traité de la restitution des Grands, precedé d'une Lettre touchant quelques points de la Morale Chrétienne 1665. in 12.

De reformandis Horis Canonicis, & ritè constituendis Clericorum muneribus, Consultatio, 1643. in 12.

Ce dernier Volume est tout-à-fait curieux.

Il a compilé les Oeuvres de Messire GUY COQUILLE, qui contiennent plusieurs Traitez tres-curieux, touchant les libertez de l'Eglise Gallicane en deux Volumes *in folio.*

Il avoit une nombreuse Biblioteque qu'il a donnée au Chapitre depuis deux ans, à condition qu'elle seroit publique, & que toutes sortes de personnes y pourroient venir étudier librement. Elle est à present dans une maison du Cloître, derriere le Puits à côté de l'Eglise; & dans quelque temps on pourra la voir considerablement augmentée, parce qu'il y a d'autres Chanoines qui promettent de donner leurs Livres.

Il faut remarquer que les Chanoines se levent à minuit pour aller à Matines, qui se disent encore à cette heure selon l'ancien usage de l'Eglise. Il y a des anciens parmi ces Messieurs, qui depuis trente ou quarante ans n'y ont pas manqué une seule fois, & cette Eglise est presque la seule du Roïaume qui ait conservé religieusement cette

cette pieuse coûtume , quelque penible qu'elle soit, sur tout en Hiver. Les Canonicats ne sont pas d'un fort gros revenu; cependant ils sont fort courus à cause qu'ils sont honorables.

L'on y peut voir les jours des Fêtes, des ornemens assez beaux. La grande argenterie est des mieux travaillée Elle est composée de six grands Chandeliers & d'une Croix de l'ouvrage de Monsieur Ballin. Sur les colonnes de cuivre derriere le grand Autel, est la Chasse de saint Marcel, un des premiers Evêques de Paris. Elle est de vermeil doré, garnie de pierreries & d'Emaux d'une tres belle couleur. Le jour de la Pentecôte on expose un ornement de satin cramoisi, dont toute la broderie est de perles, parmi lesquelles il y en a de fort grosses. C'est un present de la Reine Isabeau de Baviere, femme de Charles VI. qui le fit pour obtenir de Dieu la guerison de son mari, qui êtoit affligé d'une fâcheuse maladie. La belle Tapisserie que l'on tend les jours de grandes Fêtes, qui represente la Vie de la sainte Vierge, est un present de M. LE MASLE, Prieur des Roches, Chantre de cette Eglise, & Secretaire du Cardinal de Richelieu; le même qui a donné sa Biblioteque à la Sorbonne. La Statuë que l'on voit sur un pilier à côté du grand Autel à main gauche, est celle de Philippe Auguste, dont la femme est enterrée dans

le

le Chœur, aussi bien qu'un fils de Loüis le Gros, qui ne voulut point être Evêque de cette Eglise, pour ne point empêcher par sa promotion, que le fameux Pierre Lombard ne fût élu en sa place. La Tombe de cuivre proche la porte du Chœur élevée environ d'un pié, est d'un nommé *Odo de Sulli* Evêque de Paris, qui mourut en 1208. pendant le Pontificat duquel l'Eglise fut achevée, & qui vivoit sous le Regne de Philippe Auguste.

Dans les Chapelles derriere le Chœur, il y a encore quelques Tombeaux, dont les plus considerables sont de Messieurs de Gondi, originaires d'Italie, qui vinrent en France avec Catherine de Medicis. Le Cardinal de Retz, mort depuis trois ans, Abbé de saint Denis, qui avoit été Archevêque de Paris, étoit le deuxiéme Cardinal de cette Famille. La Chapelle de la Vierge qui est à côté de la porte du Chœur, est ornée de plusieurs Lampes d'argent, & de quantité d'autres belles offrandes que l'on y a faites. Depuis quelques années on a mis devant le grand Autel la grosse Lampe d'argent que la feuë Reine-Mere a donnée, qui pese six vint Marcs & qui a cinq piez de diametre. Cette Chapelle de la Vierge étoit autrefois nommée la Chapelle des paresseux, à cause que l'on y disoit des Messes fort tard, pour la commodité de ceux qui ont de la peine à se lever matin; elle étoit

la feule de Paris qui eut ce privilege, contre la coûtume des fiecles paffez, qui dé-
fendoit de la dire dix heures paffées. Vis-à-
vis eft la Statuë à cheval de Philippe de Valois, armé & caparaffonné comme l'on
l'êtoit de fon temps. Il eft reprefenté tel
qu'il êtoit lors qu'il entra dans cette Eglife, pour y venir rendre graces à la fainte
Vierge, du fuccés d'une Bataille qu'il ga-
gna contre les Flamands proche de Caffel,
qui fut fi fanglante qu'il y eut vint deux
mille ennemis morts fur la place. Le grand
Tableau tout proche qui reprefente Loüis
XIII. à genou, en Manteau Roïal, aux
piez d'un Chrift détaché de la Croix ; eft
un Vœu que ce Roi fit dans une dangereu-
fe maladie qu'il eut. On ne dira rien en particulier des Chapelles qui regnent tout autour de la Nef, qui font toutes tres bien
boifées & affez bien peintes ; non plus que
des Galeries qui font fur les aîles, où il
peut tenir un grand nombre de perfonnes ;
ce feroit s'engager dans un trop grand dé-
tail, on dira feulement que Paul Æmile, fameux Hiftorien, eft enterré en cette Eglife du côté du Septentrion, mais on ne fçait
pas precifément l'endroit. Voici cependant
fon Epitaphe que l'on pouvoit lire il n'y a
pas long-temps.

PAULUS ÆMILIUS VERONENSIS,
hujus Ecclefiæ Canonicus, qui præter eximiam

*vitæ sanctitatem, quantâ quoque doctrinâ
præstiterit, judex atque testis erit Historia de
rebus gestis Francorum, posteris ab eodem
edita.*

OBIIT A. P. 1526. DIE 5. MENSIS MAII.

Dans la Sacristie on voit un tres-beau Bust du Cardinal de Richelieu, fait par le Cavalier Bernin, que la Duchesse d'Aiguillon a donné par Testament.

LE PALAIS ARCHIEPISCOPAL est au côté meridional de l'Eglise, & sur le bord de la Seine. La maison n'est pas des plus belles au dehors, mais les dedans en sont fort commodes & fort propres. Il y a de tres-beaux meubles & un Cabinet de Livres qui sont des mieux choisis. Le Jardin est petit, & il ne consiste qu'en une ou deux allées le long de la Riviere.

Derriere l'Eglise de Nôtre Dame il y en a une petite fort ancienne, que l'on nomme *saint Denis du Pas*, à cause du premier Martyre que l'on y fit souffrir à ce Saint, qui fut mis en cét endroit dans un four chaud, dont il fut delivré miraculeusement.

LE CLOITRE où demeurent les Chanoines est enfermé dans une enceinte de murailles antiques, où ces Chanoines ont leurs logemens particuliers. Autrefois lors qu'ils vivoient en communauté comme des Religieux, il n'êtoit pas permis aux femmes d'y demeu-

demeurer ; mais depuis aïant été feculaisez, ils fe font logez feparement, & il a été permis à ceux qui en avoient de refte d'en reloüer, ce qui a introduit toutes fortes de perfonnes dans ce lieu.

M. Menage, fi connu des gens de Lettres, par tous les beaux ouvrages qu'il a compofez, demeure en cét endroit. Tous les Mercredis on s'aflemble chez lui pour difcourir des fciences, & fa maifon eft ouverte à tous ceux qui font profeffion des Lettres.

Voilà tout ce qu'il y a de plus remarquable dans ce Cloître, qui eft joint à l'Ifle Nôtre-Dame, par un Pont de bois qui lui en donne la communication. Delà on paffe devant

L'HOTEL-DIEU. Cét Hôpital eft le premier & le plus grand de tout Paris ; on y reçoit indifferemment tous les Pauvres malades, & l'on en conte quelquefois jufqu'à quatre mille, que font traitez & nourris avec un tres-grand foin. Ils font fervis par des Religieufes de l'Ordre de faint Auguftin, dont la Regle eft d'autant plus auftere qu'elles paffent toute leur vie dans cét exercice, qui ne fe peut foûtenir que par une vertu & une patience admirable, à caufe de toutes les incommoditez qu'il leur faut effuyer auprés de ces pauvres Malades, que la mifere & les maux qu'ils fouffrent, rendent également chagrins & infuportables.

bles. Cét Hôpital poſlede de tres-grands revenus, & tous les ans ils augmentent à cauſe des dons que l'on y fait. Le bâtiment n'a rien de beau, & même il eſt fort incommode, à cauſe qu'il eſt fort reſerré, & que l'eſpace où il ſe trouve eſt borné de tous les côtez. On a même été obligé de l'étendre ſur la Riviere & de bâtir une grande Salle ſur une Voûte fort longue, ſous laquelle l'eau coule. Quoi qu'il y ait un tres-grand nombre de lits, ils ne ſuffiſent pas à la quantité des Malades que l'on y porte tous les jours, & ſouvent on eſt obligé d'en mettre trois ou quatre dans un même. Il y a des Salles ſeparées, où l'on met ceux qui ſont attaquez de pareilles maladies, afin d'empêcher que le mal ne ſe communique. La Salle qui eſt du côté du Petit-Pont, dont le dehors eſt orné de figures, a été fondée par le Cardinal Antoine du Prat, Chancelier de France, & Legat du ſaint Siege, environ l'an 1535. On croit que la premiere fondation de ce grand Hôpital a été faite par ſaint Landri vint-huitiéme Evêque de Paris, qui vivoit ſous Clovis ſecond en l'année 660. Dans les premiers ſiecles, par une loüable coûtume, les Evêques étoient obligez de nourrir & de loger les Pauvres, comme étant les diſpenſateurs & depoſitaires de leurs biens; c'eſt pour cela que l'on bâtiſſoit les Hôpitaux proche de leurs Egliſes Cathedrales,

afin

afin qu'ils en fussent les principaux Admi-
nistrateurs ; même encore à present Monsieur l'Archevê que est le Chef de la direc-
de tion l'Hôtel-Dieu, avec Monsieur le premier President, & Monsieur le Procureur
General ; les Chanoines de Nôtre-Dame en
ont conservé la direction pour le spirituel.

Saint Loüis, au raport de Guillaume de
Nangis, qui a composé une Histoire de
France, que l'on estime assez, fit de tres-
grands biens à cét Hôpital, & en augmen-
ta considerablement les revenus. Henri IV.
en a fait autant, aïant donné dequoi bâtir
une des plus belles Salles, qui est celle de
saint Thomas, élevée sur un Pont de pierres tres-solides, qui fut achevé en 1602.
C'est une curiosité tres-édifiante, de voir
de quelle maniere les Pauvres sont servis.
On y a trouvé quelquefois des Princesses
faire l'office des plus viles servantes, & de
nos jours l'on en a vû une * mourir d'une
maladie qu'elle y avoit gagnée, en donnant un boüillon à un Pauvre malade de la
petite verole.

On voit vis-à-vis la principale porte à
l'entrée du Parvis de Nôtre-Dame, une
grande Statuë de pierre fort haute, qui represente un homme tenant une boëte à sa
main,

* La Duchesse de Nemours, Mere de
Madame Roïale & de la Reine de Portugal
défunte.

main , & un Serpent à côté de lui. On croit
que c'est la Statuë d'Esculape , Dieu des
Medecins, que l'on presume avoir eu quelque Temple en cét endroit.

Sur la Fontaine qui est derriere cette Statuë , ces Vers sont gravés.

QUI SITIS , HUC TENDAS DESUNT
SI FORTE LIQUORES,
PROGREDERE , ÆTERNAS DIVA
PARAVIT AQUAS.

Tout ce Quartier est rempli d'Eglises ;
qui , à la verité , sont petites , mais tresanciennes ; en voici les noms.

SAINT JEAN LE ROND , à côté de
l'Eglise de Nôtre-Dame , qui est la Paroisse du Cloître.

SAINT CHRISTOPHE , vis-à-vis la
même Eglise.

SAINTE GENEVIE'VE DES ARDENS, que l'on nomme ainsi , à cause
d'un Miracle fameux qui se fit par l'intercession de cette Sainte , dans une Procession , où l'on portoit sa Chasse à Nôtre-
Dame , pour obtenir la guerison
d'une Maladie epidemique , que l'on nommoit *les Ardens* , à cause que ceux qui en
étoient affligez , se sentoient enflâmez
d'une ardeur qu'aucun remede ne pouvoit
éteindre. Ce miracle arriva pendant le
Re-

Regne de Loüis VI. en l'année 1130. fous le Pontificat du Pape Innocent II. Pour en conferver une memoire perpetuelle, on bâtit cette Eglife, qui n'étoit au commencement qu'une fort petite Chapelle, & qui par la fuite des temps eft devenuë une Paroiffe, qui a fort peu d'étenduë.

SAINT PIERRE AUX BOEUFS, où l'on fait toucher les Bêtes d'une clef ardente, pour empécher qu'elles ne deviennent enragées.

SAINTE MARINE la Paroiffe de l'Archevêché, au Curé de laquelle on renvoïe les Mariages par Sentence de l'Officialité.

SAINT LANDRI.

SAINT SYMPHORIEN.

SAINT DENIS DE LA CHARTRE, où ce grand Apôtre de la France, felon quelque opinion particuliere, chargé de chaînes, fut mis autrefois dans un cachot obfcur, lors qu'il vint apporter la Foi & la lumiere de l'Evangile en France La Reine-Mere défunte, dont la pieté s'étendoit en divers lieux, en a fait reparer l'Autel, & a fait mettre les figures qui y font, qui reprefentent un miracle arrivé à ce Saint, lors qu'il étoit enfermé dans ce lieu, elles font de M. Anguerre. Cette Eglife eft un Prieuré de l'Ordre de faint Benoift, poffedé par M. l'Abbé Teftu de l'Academie Françoife, Fort proche eft l'Eglife de

SAINTE MAGDELAINE; on pretend que

que cette Eglise est une des anciennes de Paris, & que pour cette raison elle est exemte de faire des Processions comme les autres. Il y a une Confrairie qui étoit autrefois en si grande reputation que les plus grands Seigneurs s'en mettoient, à l'exemple des Rois & des Princes du Sang. Les autres Paroisses sont

SAINTE CROIX.

SAINT PIERRE DES ARCIS.

SAINT MARCIAL.

SAINT GERMAIN LE VIEUX, dont le grand Autel est d'une belle menuiserie, ornée de colonnes Corinthiennes de marbre noir, avec un Tableau qui represente le Baptême de Nôtre-Seigneur peint par *Stella*, qui étoit un excellent Maître. Cette Eglise étoit autrefois dediée à saint Jean Baptiste avant que l'on y mît en dépôt les Reliques de saint Germain, sous le Regne du Roi Pepin, de crainte qu'elles ne fussent pillées par les Barbares dans l'Abbaïe, qui porte son nom, laquelle pour lors étoit hors la Ville. Ce Roi luimême aida à porter sur ses épaules la Chasse de ce Saint, depuis cét endroit jusqu'à l'Abbaïe. En memoire d'un miracle qui se fit en passant sous le petit Châtelet, il donna à saint Germain la terre de Palaiseau à six lieuës de Paris.

Plus bas proche le Palais sont

LES BARNABITES. Ces Religieux sont

font en poſſeſſion de ce Prieuré depuis le
commencement de ce ſiecle. Il appartenoit
auparavant à l'Ordre de ſaint Benoiſt,
ſous le titre de ſaint Eloy, & les revenus en ont été réünis à l'Archevêché
de Paris. Leur Egliſe eſt demeurée imparfaite. La maiſon qu'ils ont fait élever depuis quatre ou cinq ans, leur a coûté plus
de cinquante mille écus ; mais elle leur
étoit tres neceſſaire, car ils n'avoient
preſque point de logement.

SAINT BARTHELEMY, qui eſt auſſi
vis-à-vis le Palais, dont elle eſt la Paroiſſe
auſſi bien que de tout ce Quartier, étoit
autrefois de même un Prieuré de l'Ordre
de ſaint Benoiſt, dedié à ſaint Magloire;
que les Religieux abandonnerent pour éviter le tumulte & le bruit, & s'allerent établir au Faux-bourg ſaint Jacques, proche
la petite Chapelle de ſaint Georges qui leur
appartenoit. Cette Tranſlation ſe fit, comme on a déja dit, ſous Loüis le Jeune en
l'année 1138. Ce Benefice a été réüni depuis à l'Archevêché, & l'Egliſe a été éri-
gée en Paroiſſe; Monſieur l'Abbé de la
Chambre, dont nous avons déja parlé,
en a la direction; & l'on peut dire avec juſtice qu'il s'en acquite avec un zele tout-à-
fait rare.

L'Egliſe eſt obſcure & mal bâtie, le
grand Autel eſt d'une menuiſerie d'un aſſez
joli deſſein. Il y a une Chapelle à main droite

te où l'on voit deux Tableaux de M. He-
rault, l'un repreſente ſaint Guillaume &
l'autre ſaint Charles Borromée. Celui qui
eſt à l'Autel eſt de Monſieur Loir ; c'eſt
une ſainte Catherine à genou, qui reçoit
de la main de L'ENFANT JESUS un anneau qu'il lui met au doigt. Le reſte eſt peu
remarquable.

LE PALAIS.

SI l'on s'êtoit engagé dans ce Recüeil de
parler de l'Antiquité des choſes qui
ſont à Paris, on auroit occaſion de
dire ici bien des particularitez, mais l'on
ne feroit que repeter ce que pluſieurs Auteurs en ont déja dit. Ceux qui auront la
curioſité de les apprendre pouront conſul-
du *Tillet*, *Gilles Corrozet*, *le Pere du Brüil*
dans ſon *Theatre des Antiquitez de Paris*, M.
du Cheſne dans ſes *Antiquitez des Villes*, &
quelques autres qui ont écrit ſur l'Hiſtoire
de France. Je dirai ſeulement à l'honneur
de ceux qui compoſent ce grand Corps, que
Pepin Pere de Charlemagne, a êté le premier qui l'a inſtitué. Il a êté ambulatoire
juſques ſous le Regne de Philippes le Bel ;
qui, au raport de Belleforeſt, fut le premier qui le rendit ſedentaire, & qui aban-
donna ſon propre Palais aux Officiers de
Juſtice. Pour le rendre plus ſpacieux il y fit
bâtir

bâtir la plûpart des Chambres, & tout l'Ouvrage fut achevé en l'année 1313. Cependant il est certain qu'il y avoit de grands bâtimens avant ce temps-là, puis que plusieurs Rois y avoient demeuré. Covis même y tenoit sa Cour, mais saint Loüis y fit un plus long sejour que les autres: car trouvant ce lieu commode au milieu de Paris, il y fit faire de grands ouvrages, & principalement la sainte Chapelle, comme l'on le dira dans la suite.

Ce qu'on doit remarquer dans ce grand bâtiment, est premierement la grande Salle, que le Cavalier Bernin admira comme une des plus belles choses de France. Elle est bâtie sur le plan d'une autre tres-ancienne, qui fut reduite en cendres au commencement de ce siecle, & dans laquelle les Statuës de nos Rois de grandeur naturelle êtoient placées tout autour. C'étoit dans cette Salle où les Rois recevoient les Ambassadeurs, où ils donnoient des Festins publics à certains jours de l'année, & où même se faisoient les Nôces des Enfans de France. Au Mariage d'Isabelle de France avec Richard second Roi d'Angleterre, il y eut un si grand concours de peuple, que plusieurs personnes y furent étoufées. Charles VI. qui regnoit en ce temps-là, y courut risque de la vie.

Cette Salle est toute voûtée de pierres de taille, avec une suite d'arcades au milieu qui
font

font foûtenuës de gros piliers, autour def-
quels il y a des Boutiques occupées par plufieurs Marchands. L'Ordre Dorique regne
tout autour en Pilaftres. A un des bouts il
y a une Chapelle où l'on dit des Meffes
tous les jours. Les Procureurs à qui elle
appartient, ont fait depuis un an quarante
mille francs de dépence, pour l'embellir
comme elle eft.

Au deffus eft l'Horloge fur laquelle on
regle les Audiances. Au bas du Quadran
on a mis ce beau Vers de M. de Montmort,
de l'Academie Françoife.

SACRA THEMIS MORES UT PEN-
DULA DIRIGIT HORAS.

Les environs de cette Chapelle font ornez de dorures, & peints en marbre de
diverfes couleurs, ce qui rend cét endroit
fort beau,

Il ne faut pas manquer d'aller voir les
Chambres particulieres, dans lefquelles on
plaide. La grande Chambre eft à côté de la
grande Salle. Elle a été bâtie fous faint
Loüis, qui y donnoit les Audiances publiques ; où lui-même avec la bonté d'un
Pere & la majefté d'un grand Roi, travail-
loit à pacifier les defordres qui naiffoient
entre fes Sujets, ou à recevoir les Ambaffa-
deurs que les Princes fes voifins lui envoïo-
ient. Loüis XII, l'a fait reparer comme
elle

elle eſt. Le Plafon compoſé de culs de Lampe qui y eſt, a paſſé autrefois pour une tres-belle choſe; mais le temps lui a ôté une fort grande partie de ce qui le faiſoit eſtimer. C'eſt dans ce lieu où tout le Parlement s'aſſemble, lors que le Roi y vient tenir ſon lit de Juſtice, ou bien lors qu'il y a quelque grande affaire ſur laquelle on doit deliberer. C'eſt dans ce même lieu où les Ducs & Pairs de France viennent demander l'enregiſtrement des Lettres d'érectiou de leur dignité. que le Roi leur donne. Les autres Chambres ſont beaucoup plus belles, & même dans quelques-unes il y a des Plafons dorez, & peints avec beaucoup de dépence. La ſeconde & la troiſiéme des Enquêtes & les Chambres des Requêtes ſont les mieux ornées,

LA COUR DES AIDES.

C'eſt une Juriſdiction ſeparée du Parlement, qui y tient ſes Seances dans trois Chambres ſeparées, qui ſont ornées de Plafons qui ont beaucoup coûté.

La face du bâtiment qui donne du côté du Perron du May, eſt d'une Maçonnerie enrichie de Sculptures, d'un aſſez bon deſſein.

La Chancellerie, dont l'entrée eſt dans la Galerie des Priſonniers, a été reparée depuis quelques années.

Le lendemain de la saint Martin, qui est le jour où se fait l'ouverture du Parlement, il y a une Ceremonie que les Etrangers ne doivent pas negliger d'aller voir. Messieurs du Parlement vétus de Robes rouges, assistent ce jour-là à une Messe qui se dit solemnellement dans la grande Salle. Les Presidens à Mortier sont distinguez par leur doublure, de menu vair, ou d'une espece de fourrure mouchetée. Lors que ces derniers vont à l'Offrande, ils font des reverences que l'on faisoit autrefois, qui ne sont plus en usage que dans cette occasion. Aprés que la Messe est dite, on va entendre les Harangues qui sont ordinairement prononcées par le premier President, par le Procureur General, & par les Avocats Generaux; qui ne se distinguent pas moins par leur éloquence que par leurs Dignitez.

LA SAINTE CHAPELLE.

DE tous les monumens de pieté que saint Loüis a fait élever, il n'en est point de plus beau ni de plus magnifique que celui-ci. Comme il faisoit sa demeure ordinaire dans le Palais, il fit bâtir cette Chapelle pour satisfaire plus commodement à sa devotion. Dans le lieu où elle est située, il y avoit auparavant une petite Eglise fondée par le Roi Hugues Capet, sous le titre de *l'Adoration des trois Rois*,

dans

dans laquelle Robert fon Fils, inftitua un Ordre de Chevaliers, dont ceux qui en êtoient, fe nommoient *les Chevaliers de l'Etoile.*

Cét Ordre étoit fort honorable dans le commencement de fon Inftitution, & les plus grands Seigneurs en prirent le Collier; mais par fucceffion de temps il s'eft avili de telle forte, qu'il eft demeuré en partage aux gens du Guet, qui vont la nuit par la Ville, pour empêcher que les Voleurs & les Filoux ne caufent du défordre dans les Ruës. D'où vient que l'on nomme encore à prefent le Capitaine qui les commande, *le Chevalier du Guet.* Cette petite Chapelle demeura en cét état jufques fous le Regne de SAINT LOÜIS, qui fit élever le bel édifice que l'on voit, qui eft d'une delicateffe furprenante. Les Voûtes en font tout-à-fait élevées, & les Vitres qui y font, paffent pour les plus belles que l'on puiffe voir, à caufe de leur grandeur & de la varieté prefque infinie des couleurs qui s'y trouvent, qui reprefentent en particulier quelque Hiftoire de l'ancien & du nouveau Teftament, & qui font d'une telle épaiffeur, qu'elles ont refifté jufques à prefent à toutes les injures du temps. On ne fut que cinq ans à travailler à ce bel ouvrage, qui fut achevé en 1247. Peu de temps aprés on y apporta les Reliques qui y font, que ce faint Roi avoit tirées des mains des Ve-

ni-

nitiens; à qui Baudoüin, Empereur de Conſtantinople, les avoit engagées pour une ſomme d'argent fort conſiderable, qu'il leur avoit empruntée pour faire **la guerre aux Bulgares**. Ce fut du conſentement de cét Empereur que ſaint Loüis dégagea ce precieux dépôt, en rendant aux Venitiens l'argent pour lequel ces ſaintes Reliques avoient eſté engagées. C'êtoit une grande portion de Bois de la vraïe Croix; la Couronne d'Epines de Nôtre-Seigneur, & quelques goûtes de ſon Sang precieux; des Drapeaux de ſon Enfance; une autre portion de la vraïe Croix; du ſang découlé miraculeuſement d'une Image de Nôtre-Seigneur, frapée par un Infidele; un anneau de fer de la chaîne dont il fut lié; la Nappe ou la Serviette dont il eſſuïa les piez aux Apôtres; une partie de la pierre de ſon Sepulchre; du Lait de la ſainte Vierge; le fer de la Lance dont le Côté de Nôtre Seigneur fut percé; la Robe de Pourpre dont on le vétit; le Roſeau que l'on lui mit dans la main; l'Eponge dont on ſe ſervit pour lui faire boire le fiel & le vinaigre; une partie du Suaire dans lequel il fut envelopé. Avec ces choſes il y a dans le même Treſor une Croix que nos Anciens portoient avec l'Oriflame qui étoit à ſaint Denis, lors qu'ils alloient à des guerres de conſequence, que l'on nommoit pour ce ſujet *la Croix de Triomphe* ? & pluſieurs

sieurs autres choses encore, comme la Verge de Moïse, la partie superieure du Chef de S. Jean-Baptiste, qui toutes sont enfermées dans la grande Chasse de cuivre doré, que l'on voit élevée sur quatre piliers, qui soûtiennent une petite Voûte derriere le grand Autel : mais on ne peut satisfaire la curiosité sur ce sujet ; car ces precieuses Reliques ne sont presque jamais exposées, à moins que quelque Reine ne le demande, ce qui n'arrive que tres-rarement. Sur le grand Autel dans une maniere d'étui de bois doré, semé de Fleurs-de-Lis, est le modele de la sainte Chapelle en petit volume de vermeil dorée, d'un tres-excellent travail & même enrichi de pierreries de valeur considerable. On le découvre seulement les jours de Fêtes. Il y a encore des choses dans la Sacristie qui sont curieuses à voir, sur tout un grand nombre de Reliquaires d'or & d'argent ; une grande Croix toute d'or, dans laquelle est un morceau du Bois de la vraïe Croix, que l'on expose tous les Vendredis de Carême. Ou y peut voir aussi le Bâton du Chantre, au haut duquel est une grosse Agate, qui represente saint Loüis à demi-corps, tenant d'une main une petite Croix, & de l'autre la Couronne d'Epines de Nôtre Seigneur. Il y a avec cela des Livres dont les couvertures sont enrichies de grosses perles & de pierres precieuses.

I 3

Mai-

Mais ce qui eſt extraordinairement rare,
eſt une grande Agate orientale antique
tres-fine, de figure preſque ovale, un peu
plus grande qu'une aſſiete ordinaire taillée
en bas-relief, qui repreſente l'Apotheoſe
d'Auguſte, d'un travail tout-à-fait admirable, à cauſe des couleurs naturelles de la
pierre, qui ſont conſervées dans les endroits
où elles devoient être, & qui font le même effet que ſi elles avoient été appliquées
au pinceau. Monſieur de ſaint Amant,
fameux Antiquaire, a expliqué toutes les
figures qui y ſont, & en a dit des choſes
tout à-fait curieuſes, que l'on peut lire
dans ſon grand *Traité de Medailles*. Cette
belle piece eſt un preſent fait à Charles VI.
par un Empereur de Conſtantinople, qui
la lui envoïa pour obtenir de lui du ſecours
contre les Turcs, qui ne pût être accordé, à
cauſe des Troubles que les Anglois & le
Duc de Bourgogne cauſoient dans le Roïaume.

Les Ornemens d'Autel de cette Egliſe
ſont magnifiques, & principalement ceux
que l'on expoſe à la Fête de ſaint Loüis,
dont on voit le Chef de vermeil doré, ſoûtenu par quatre grands Anges de même
matiere, qui étoit autrefois dans le Treſor
de ſaint Denis. Il faut encore remarquer en
ſortant une belle figure de Nôtre-Dame de
Pitié, placée ſous les Orgues à main gauche en entrant. C'eſt un ouvrage du fameux
Ger-

Germain Pilon, que l'on eſtime un de ſes plus beaux ; & qui eſt enterré dans la baſſe ſainte Chapelle Le Chapitre de cette Egli-ſe n'eſt pas nombreux, cependant les Ca-nonicats ſont d'un aſſez bon revenu, & ont de beaux privileges. Les Chanoines ont pour Chef un Treſorier, qui a le dou-ble du revenu des Chanoines. L'Abbaïe de ſaint Nicaiſe à Reims, qui raporte trois mille écus par an, eſt affectée à ce Chapi-tre, avec pluſieurs maiſons qui ſont autour du Palais.

Dans la cour vis-à-vis la ſainte Chapelle, eſt la

CHAMBRE DES COMPTES.

Dans l'enclos du Palais ſe trouve en-core cette Juriſdiction ſouveraine ſeparée du Parlement. C'eſt là où ſe rendent les Comptes de toutes les Recep-tes des Finances, & où ceux qui ont eu quelque maniment de l'argent du Roi, doivent juſtifier ce qu'ils en ont fait. C'eſt auſſi où l'on conſerve les Archives, & les anciennes Chartres de la Couronne ; entre leſquelles il y en a grand nombre, qui ont ſervi à nos Hiſtoriens.

Le fameux MONSIEUR DU CANGE entre les autres, en a tiré un grand nombre de Mes moires, qui lui ont ſervi à commenter le-anciens Hiſtoriens, que l'on voit de lui,

 don

dont la lecture suffit pour concevoir une haute idée de son profond sçavoir. Les principaux sont,

L'Histoire de Constantinople, sous les Empereurs François, écrite par *Geoffroy de Ville Hardoüin*, & par *Philippes de Mouskes* en langage du temps, *in folio*.

L'Histoire de saint Loüis, par le sire de *Joinville*.

On a encore de ce sçavant Auteur.

Historia Byzantina duplici Commentario illustrata; prior continens familias ac stemmata Imp. Constant.,&c. alter descriptionem urbis Constant. qualis extitit sub Imperatorib. Christia. in folio.

Glossarium media atque infima Latinitatis. 3. Vol *in folio*.

Ce dernier Livre est celui qui lui a acquis une plus grande reputation dans les Païs étrangers, aussi bien qu'en France ; & ce n'est pas sans raison, puis que cét Ouvrage est consideré comme un des plus grands que l'on ait entrepris de ce siecle, & où l'Auteur a eu besoin d'une application & d'une attache de plusieurs années, pour traiter avec autant d'érudition qu'il a fait toutes les choses differentes qui y sont contenuës.

On pourroit nommer ici beaucoup d'autres Sçavans, qui ont tiré de la Chambre des Comptes des éclaircissemens pour l'Histoire ; entre les autres MESSIEURS GODE-
FROY,

FROY, qui ont mis au jour une tres-grande partie de nos vieux Historiens, qui ont été imprimez à l'Imprimerie Roïale du Louvre, avec de tres-beaux Commentaires à la fin. MONSIEUR D'HEROUVAL, Auditeur des Comptes, est celui qui leur a le plus servi, & qui leur a procuré tous les secours qui dépendoient de lui; comme on le voit dans les Ouvrages de ces Messieurs; qui marquent en termes exprés l'obligation qu'ils lui ont, de la peine qu'il a bien voulu prendre pour leur chercher lui-même les Pieces qui pouvoient leur servir; & l'on peut dire que sans lui la plûpart des plus beaux monumens de nôtre Histoire seroient inconnus & ensevelis dans la poussiere.

Le bâtiment de la Chambre des Comptes a été estimé en son temps comme une tres-belle chose. Il fut élevé par les soins de Loüis XII. dont on voit la Devise en divers endroits qui est un Porc-épic, avec ces paroles

COMINUS ET EMINUS.

Dans une des Chambres il y a quelques Tableaux antiques tres curieux, qui representent au naturel des Princesses du Sang Roïal de la Cour de Charles V. & de quelques autres Rois, dont on ne voit point ailleurs les Portraits. Le Pere Menétrier

les

les a trouvez si curieux & si singuliers qu'il
les a fait graver ; & l'on en voit des Estampes entre les mains de quelques personnes
avec les explications Historiques, que ce
Pere a données, des personnes & des bla-
sons qui y sont representez.

La Cour des Monnoyes est au dessus
de la Chambre des Comptes. Il n'y a rien
de singulier à y emarquer.

Monsieur Crousin est un des Presidens,
à la loüange duquel on peut dire que personne n'a travaillé avec plus d'utilité pour
la Langue Françoise. Il a traduit du Grec
tous les Auteurs qui ont écrit sur l'Histoire
de Constantinople, au commencement
desquels il a ajoûté des Prefaces tres-sçavantes, pour éclaircir ces Historiens, qui
la plûpart sont si obscurs & si embroüilllez,
que l'on auroit de la peine à y entendre
quelque chose sans leur secours. Personne
n'avoit encore osé entreprendre ce grand
Ouvrage à cause de la difficulté d'y réüssir ;
parce que l'on les avoit regardez comme à
demi barbares : mais à present par le secours de ce sçavant Homme, on les peut
lire en nôtre Langue, traduits avec toute
la délicatesse & toute la fidelité que l'on de-
manderoit dans une Piece faite exprés
pour le beau langage. Ils commencent à
l'ancien Justin, & continuent jusques à
Constantin Paleologue, sous qui l'Empire d'Orient finit. Ils font emsemble 9 Volumes *in quarto*.   Il

Il a auſſi traduit l'Hiſtoire Romaine de Xiphilin, de Zonare, & de Zoſime.

L'Hiſtoire de l'Egliſe d'Euſebe, de Socrate Sozomme, de Theodoret, & d'Evagre en .... *in quarto.* Quelques pratiques de devotion du Cardinal Bona. Et enfin l'Hiſtoire de l'Empire d'Occident, d'Eginard, & des autres Auteurs qu'il a donnez au commencement de cette année.

L'HOTEL DE MONSIEUR LE PREMIER PRESIDENT, qui eſt derriere la Chambre des Comptes, n'a rien de remarquable.

LA PLACE DAUPHINE.

CEtte Place ſe trouve à la pointe de l'Iſle du Palais, du côté du Pont-Neuf. Elle eſt en figure Pyramidale, & les maiſons qui la forment, ſont bâties de brique avec des cordons de pierres de taillle, & toutes d'une même ſymetrie, elles ont été élevées en 1606. quatre ou cinq ans aprés la naiſſance de Loüis XIII. ce qui fut cauſe que l'on lui donna le nom qu'elle porte.

Depuis quelques années on a ouvert un chemin de ce côté-là qui conduit au Palais, & l'on a fait de grands bâtimens dans le Jardin de l'Hôtel de Monſieur le Premier Preſident, avec une longue Galerie, où pluſieurs Marchands ont leurs Boutiques,

 com-

comme dans le reste des Salles du Palais.
Ce qui abrege le grand détour, que ceux
qui venoient du Pont-Neuf, êtoient obligez de faire.

On nomme LA RUE DE LAMOI-
GNON la petite Ruë qui est derriere, à
cause que c'êtoit du temps de l'illustre
Premier Président de ce nom, que ces bâtimens furent élevez ; & que lui-même
contribua de tous ses soins à procurer au
Public la commodité de ce passage.

LES PONTS DE PARIS.

Comme les Ponts de Paris font une
partie considerable des beautez de
cette grande Ville, l'on a jugé à
propos d'en faire un article particulier,
pour avoir une plus grande liberté d'en expliquer ce qu'il y a de plus singulier.

LE PONT NOTRE-DAME.

LE plus ancien & le premier qui ait
été bâti de pierre, est celui-ci. Il
fut achevé comme l'on le voit à
présent en l'année 1507. Ce fut un Corde-
lier, originaire de Verone, qui en entreprit l'ouvrage aux frais de l'Hôtel de Ville.
Les

Les Hiſtoriens diſent qu'il ſe nommoit
JOANNES JUCUNDUS, & qu'il étoit
d'une grande reputation , à cauſe de ſon
merveilleux ſçavoir dans les belles Lettres;
& même ils ajoûtent encore, qu'il fut
Maître du fameux JULES SCALIGER.
On lit ces Vers gravez à ſa loüange, ſur une
pierre des Arcades.

JUCUNDUS GEMINOS POSUIT TI-
BI SEQUANA PONTES,
HUNC TU JURE POTES DICERE
PONTIFICEM.

Ce Pont eſt chargé de maiſons des deux
côtez, mais qui ne ſont pas ſi élevées que
celles des autres Ponts. Elles ſont ornées
ſur le devant de grands Termes d'Hommes
& de Femmes, qui portent des Corbeilles
pleines de fruits ſur leurs têtes. Entre
deux il y a des Médailles, où ſont repreſentez tous les Rois de France , qui ont chacun
un Vers Latin qui leur convient. Mais le
temps endommage fort ces choſes que l'on
avoit tres-bien reparées pour l'Entrée de la
Reine , qui paſſa par cét endroit pour aller
au Louvre. Et depuis long-temps ç'a été
la coûtume d'y faire paſſer les Reines dans
leurs premieres Entrées à Paris ; pour lors
on l'ornoit magnifiquement. On raconte
que quand Iſabeau de Baviere fit la ſien-
ne, on le couvrit d'un bout à l'autre,

d'une espece de Pavillon de taffetas bleu,
semé de Fleurs de Lis d'or ; & l'on ajoûte
que par le moïen d'une machine tout-à-fait
surprenante un Ange lui apporta une Couronne d'or sur la tête, qui avoit pris
son vol des Tours de l'Eglise de Nôtre-Dame. Mais quoi que ce fait soit raporté par
un Historien du temps, il me semble que
l'on en peut douter raisonnablement.

Au milieu de ce Pont on a élevé deux
machines qui élevent de l'eau de la Riviere
pour la commodité des Quartiers de la Ville qui en sont éloignez. La porte que l'on a
bâtie pour y aller, est d'ordre Ionique, ornée de quelques ornemens qui ne font pas
un méchant effet. Ces Vers de Monsieur
de Santeüil, dont on a déja parlé si souvent, sont gravez en lettres d'or sur un
marbre noir.

SEQUANA CUM PRIMUM REGINÆ
    ALLABITUR URBI,
TARDAT PRÆCIPITES AMBITIOSUS
    AQUAS.
CAPTUS AMORE LOCI, CURSUM
    OBLIVISCITUR ANCEPS,
QUO FLUAT, ET DULCES NEC-
    TIT IN URBE MORAS.
HINC VARIOS IMPLENS FLUCTU
    SUBEUNTE CANALES,
FONS FIERI GAUDET QUI MODO
    FLUMEN ERAT.

ANNO

ANNO M. DC. LXXVI.

Celle de ces deux machines qui donne quatre-vint pouces d'eau, eſt de l'invention de Monſieur Mance, & l'autre qui n'en fournit que la moitié, eſt de M. Joli. A côté de ce Pont & ſur le même Canal de la Riviere, on trouve.

LE PONT AU CHANGE.

LE premier qui ſe preſente à la veuë aprés le Pont-Neuf eſt celui ci. Il eſt ainſi nommé, à cauſe qu'autrefois il y avoit un grand nombre de Changes ou de Changeurs, qui habitoient les maiſons qui étoient deſſus, & qui faiſoient une maniere de bource en cét endroit. Il a auſſi autrefois êté appellé le Pont aux Oiſeaux, parce que ſans doute il y avoit des Oiſeliers: mais en 1629. aïant êté conſumé par un embraſement extraordinaire, de bois qu'il êtoit auparavant on le rebâtit de pierre de taille comme il eſt, avec tant de ſolidité, que l'on éleva deſſus deux rangs de maiſons doubles à quatre étages, toutes cintrées de pierre de taille, qui ſont occupées par des Marchands, qui ont leurs Magazins du côté de l'eau, & leurs Boutiques ſur le devant. Ce Pont eſt un des plus paſſans de Paris, à cauſe du Palais qui eſt à l'extremité.　　　　　　　　　A un

A un des bouts ſur une maiſon qui fait
face à tout le Pont, l'on voit la Statuë du
Roi environ à l'âge de dix ans, couronné
de laurier par les mains d'une Victoire.
Cette figure eſt élevée ſur un petit pié-
d'étail, à chaque côté duquel Loüis XIII.
& Anne d'Autriche ſont repreſentez en
bronze de grandeur naturelle. Les Statuës
ſont fort bien deſſinées & fort reſſemblan-
tes.

LE QUAY DE GESVRES conduit à
couvert de ce Pont au Pont Nôtre-Dame.
Il eſt ſoûtenu ſur des Voûtes priſes dans le
lit de la Riviere, dont le trait eſt d'une
hardieſſe extraordinaire. Ceux qui aiment
ces ſortes d'ouvrages, ne doivent pas negliger de deſcendre pour les voir.

A l'autre bout du Pont au Change, au
coin du Quay des Morfondus eſt l'Horloge
du Palais, dont le Cadran eſt orné de
quelques figures d'un des plus celebres
Sculpteurs du ſiecle paſſé. Comme ce fut
ſous le Regne de Henri. III. que ce Cadran
fut embelli, les Armes de France & de Pologne ſont au deſſus, avec ce Vers que l'on
y lit encore, qui ſervoit de Deviſe à ce
Roi.

QUI DEDIT ANTE DUAS, TRIPLI-
CEM DABIT ILLE CORONAM.

C'eſt cét Horloge qui regle les Seances
du

du Parlement ; & lors qu'il y a quelque Rejoüiſſance publique, on ne manque pas de ſonner la groſſe Cloche pendant pluſieurs heures.

LE PONT SAINT MICHEL eſt auſſi proche le Palais, & à l'oppoſite du Pont au Change. Il prend ſon nom de la petite Egliſe de ſaint Michel qui eſt dans l'Enclos de la Cour du Palais, ou bien parce qu'il conduit à la Porte de ce nom, qui étoit au haut de la Ruë de la Harpe, abatuë depuis peu comme on l'a dit dans la page 82. de ce 2. Volume. Il eſt auſſi chargé de maiſons bâties de briques & de pierres de taille ; autrefois il n'étoit que de bois auſſi bien que ceux dont on a déja parlé : mais aïant été emporté par un débordement, au commencement du Regne de Loüis XIII. on le rebâtit peu de temps aprés, comme l'on le voit.

LE PETIT PONT, qui eſt un des plus anciens de Paris, eſt ſur le même bras de la Riviere, qui coule ſous le Pont ſaint Michel. Les maiſons dont il eſt bordé de chaque côté avec le petit Châtelet qui eſt au bout, font qu'il eſt difficile de s'appercevoir que l'on a l'eau ſous les piez, lors que l'on y paſſe. Dans l'enceinte de l'Hotel-Dieu, l'on en a bâti deux, un qui eſt tout-à-fait dans l'interieur de cét Hopital, & un autre dont une partie eſt reſervée pour la commodité du paſſage des gen

de

de pié, qui vont à l'Eglise de Nôtre-Dame, qui païent un double pour y passer, l'un & l'autre sont de pierre & tres bien bâtis.

On ne dira rien en cét endroit du Pont Marie ni du Pont de la Tournelle, parce que l'on en a parlé au sujet de l'Isle de Nôtre-Dame, aussi bien que du petit Pont de bois qui conduit de l'Isle du Palais dans le même Quartier.

LE PONT-NEUF.

ENfin nous voici arrivez au dernier article de cette description, qui ne peut mieux finir que par le Pont-Neuf, duquel on peut voir une partie de tout ce que Paris a de plus magnifique & de plus beau.

Le Pont-Neuf fut entrepris par Henri III. qui en fit jetter les premiers fondemens en l'année 1578. sous la conduite d'un fameux Architecte nommé DU CERCEAU. Ce Roi accompagné de Catherine de Medicis sa Mere; qui la premiere, dit-on, avoit conçeu l'idée de ce grand Ouvrage, de la Reine sa Femme, & de tout ce qu'il y avoit d'Illustre à la Cour en ce temps-là, mit la premiere pierre avec beaucoup d'appareil & de ceremonie, sur laquelle cette Inscription est gravée.

HENR.

HENR. III. F. ET POL. R.

POTENTIS. AUSP. CATH. MAT. LUD.
CONIV. AUGUST. OB. C. UTIL. PUB. EUND.
PON. JAC. S. ET DIVER. URB. NOBILIS. PAR.
MAG. VIAT. COMP. M. RER. OM. Q. IMP.
ET EX COM. PER DIU. OR. ÆQ. CON. PRID.
CALEND. JUN. 1578.

On commença à travailler avec un fort
grand empreſſement par le bout le plus
proche des grands Auguſtins : mais les
troubles de ſon Regne , empêcherent que
cette grande entrepriſe ne fut achevée de
ſon temps , en ſorte qu'il demeura imparfait depuis le commencement de l'entrepriſe , qui fut en l'année 1578. comme
on a déja dit , juſqu'en 1604. que Henri le
Grand , d'heureuſe memoire , y fit mettre la derniere main par GUILLAUME MARCHAND.

Il faut remarquer, que ce Pont eſt un des
plus beaux que l'on puiſſe voir , à cauſe de
ſa longueur , qui s'étend ſur les deux bras
de la Seine ; qui en cét endroit ſe réüniſſent enſemble; à cauſede ſa largeur qui eſt
diviſée en trois parties , une au milieu pour
les Caroſſes & pour les groſſes Voitures , &
deux levées pour les gens de pié. Enfin à
cauſe de ſaſtructure , qui eſt d'une ſolidité
& d'une ordonnance qui ont peu de pareilles.

On peut

On peut encore conter entre ces avantages
la belle veuë que l'on y découvre, qui paſſe
pour une des plus agreables & des plus riches
qu'il y ait au monde, s'il l'on en
croit ceux qui ont veu les Païs éloignez ; &
le rapport d'un des plus grands Voïageurs
de ce ſiecle, nous fait connoître qu'il n'a
rien obſervé de plus magnifique, la mettant
pour la troiſiéme, de celles qu'il avoit
remarquées, à ſçavoir celle de l'entrée du
Port de Conſtantinople, celle du Port de
Goa dans les Indes, & enfin celle du Pont-
Neuf de Paris, qui s'étend d'un côté ſur
le Louvre, qui fait une longue ſuite de bâtimens magnifiques ſur la Seine, & de
l'autre côté ſur l'Hôtel de Conti ; le
College des Quatre-Nations, qui eſt fort
remarquable par ſon Dôme & par les deux
gros Pavillons quarrez qui avancent; & enfin ſur pluſieurs grandes maiſons qui s'é-
tendent fort loin ; avec le Cours de la Reine qui borne cette veuë, & le Mont Vale-
rien qui s'éleve au deſſus, qui forme enſemble une tres-belle Perſpective dans l'é-
loignement. Sans parler de la preſſe con-
tinuelle qui ſe trouve inceſſamment ſur ce
Pont, par laquelle on peut juger du nombre infini de peuple qui eſt à Paris.

LA

LA STATUE DE HENRI IV.

CE monument eſt au milieu du Pont-Neuf, à la pointe de l'Iſle du Palais; il a été élevé en l'année 1635. par les ſoins de Loüis XIII. à la memoire de HENRI IV. qui y eſt repreſenté en bronze, de grandeur naturelle à cheval, élevé ſur un pié-d'eſtail de marbre blanc, où les principales actions de ce grand Roi ſont repreſentées en bas-reliefs auſſi de même métail, qui ſont diſpoſez deux à deux de chaque côté. Aux quatre coins du pié d'eſtail ſont attachez quatre Eſclaves auſſi de bronze, qui foulent aux piez des Armes antiques. Toutes ces pieces, excepté le Cheval, ont été deſſinées & jettées en fonte par un nommé FRANCHEVILLE, originaire de Cambray, qui paſſoit pour un des premiers Hommes de ſon temps en Sculpture, duquel même on voit quelques ouvrages qui ſont fort eſtimez, entre autres, la Statuë de marbre qui repreſente la Verité dans les Tuilleries.

Mais les Curieux ne feront peut-être pas fâchez que l'on leur rapporte ici l'hiſtoire particuliere du Cheval, qui eſt un ouvrage d'Italie du fameux Jean de Boulogne ou Bologneſe, comme les Peintres le nommoient ordinairement. COSME ſecond grand Duc de Toſcane, en fit un preſ-

ſent

sent à Marie de Medicis , pendant qu'elle étoit Regente , Loüis XIII. étant encore en bas âge.

Le Chevalier Pescholini, Agent du grand Duc Cosme second , fut marqué pour venir en France presenter ce Cheval. Il eut le soin de le faire embarquer à Livorne ; mais il eut de grands accidens sur la Mer, à cause d'une horrible tempête , qui porta le Vaisseau où il étoit avec tant d'impetuosité contre un banc de sable , qu'il fit naufrage où tout l'Equipage perit. Cette Statuë cependant fut tirée de la Mer avec beaucoup de peine & de dépense , & on la mit sur un autre Vaisseau qui eut quelques mauvaises rencontres de Pirates sur les Côtes d'Espagne ; enfin aprés tant de travaux & de peine , le Vaisseau arriva au Havre de Grace au commencement du mois de May de l'année 1615. & le deuxiéme Juin suivant le Roi Loüis XIII. mit la premiere pierre du pié-d'estail , accompagné de Monsieur de Liancourt , Gouverneur de Paris , & de plusieurs autres personnes de consideration Cependant tous les ornemens & tout l'ouvrage ne furent entierement achevés qu'en 1635.

Mais afin d'instruire la posterité de tout ce qui se passa , l'on ne se contenta pas des Inscriptions qui sont sur les faces du pié-d'estail , l'on en mit encore une autre écrite sur du Velain enfermée dans un

tuyau

tuyau de plomb dans le ventre du Cheval,
que l'on remplit de poudre de charbon,
afin de la mieux conſerver contre l'humidi-
té. en voici la Copie.

A LA GLORIEUSE ET IMMORTELLE MEMOIRE.

DU TRES-AUGUSTE ET TRES-INVINCIBLE HENRI LE GRAND, QUATRIEME DU NOM, ROI DE FRANCE ET DE NAVARRE.

Le Sereniſſime grand Duc de Toſcane FER-
DINAND, *meu d'un bon zele pour la Poſteri-
té, fit faire & jetter en bronze par l'excellent Sculpteur* JEAN DE BOULOGNE, *cette
Statuë repreſentant à cheval ſa Majeſté tres-
Chrêtienne, que le Sereniſſime grand Duc* COS-
ME SECOND *du nom, a fait élabourer par
le Sieur* PIETRO TOCA, *ſon Sculpteur, &
l'envoya en tres-digne preſent ſous la conduite
du* CHEVALIER PESCHOLINI, *Agent
de ſon Alteſſe Sereniſſime, à la tres-Chrêtien-
ne & tres auguſte* MARIE DE MEDICIS,
*Reine Regente en France, aprés le deceds de
ce grand Roi, ſous le Regne du tres-auguſte*
LOUIS XIII. *du nom, Roi de France & de
Navarre, par le commandement tres-exprés
duquel & de ladite Dame Reine ſa Mere, étant*
Meſſieurs DE VERDUN, *Premier Preſident
en la Cour de Parlement de Paris,* NICOLAI
Premier

Premier Président en la Chambre des Comptes, DE BELIEVRE, *Procureur General de sa Majesté,* DE MESME, *Lieutenant Civil,* LE FEVRE *Président*, DU MOULIN, DE GAUMONT, GAUDEFROY, VALLEE, HOTMAN, ALMERAS DE DONON & LE GRAS, *Treforiers Generaux de France audit Paris,* MIRON, *Président aux Requêtes, Prevôt des Marchands,* DESNEAUX, CLAPISSON, HUOT, PASQUIER, *Efchevins.* PEROT, *Procureur du Roi de la Ville ; tous Commiffaires ayant l'Intendance de la conftruction du Pont-Neuf de Paris, ont au milieu d'icelui, prefent le Sieur de* PIERRE DE FRANCHEVILLE, *premier Sculpteur de leurs Majeftez, fait dreffer & pofer avec folemnité ladite Statuë fur le piéd'eftail à cette fin érigé. Affiftans à ce* MESSIEURS DE LIANCOURT, *Gouverneur de Paris,* DE SAINT BRISSON SEGUIER, *Prevôt de Paris, lefdits* DE MESME, *Lieutenant Civil, le Prevôt des Marchands & les Efchevins de ladite Ville.*

L'an mil fix cens quatorze
le vint-troifiéme jour d'Août.

Cette Infcription peut fuffire pour fçavoir tout ce qui fe paffa au fujet du Cheval de bronze, fans qu'il foit befoin d'en rien dire davantage.

Voici les Infcriptions que l'on lit autour
du

du pié-d'eſtail, qui ſont en lettres dorées de relief ſur des tables de bronze, elles ſont de M. Millotet, Avocat General au Parlement de Bourgogne.

Sur la face du devant eſt celle ci.

ERRICO IIII.
GALLIARUM IMPERATORI
NAVAR. R.
LUDOVICUS XIII. FILIUS E-
JUS
OPUS INCHO. ET INTERMIS-
SUM PRO
DIGNITATE PIETATIS ET IMPERII
PLENIUS ET AMPLIUS ABSOLVIT.
EMIN. C. D. RICHELIUS
COMMUNE VOTUM POPULI PROMOVIT
SUPER ILLUST. VIRI DE BULLION,
BOUTILLIER. P. ÆRARII F. FACIEN-
DUM CURAVERUNT
M. VI. XXXV.

Au deſſus eſt cette autre.

QUISQUIS HÆC LEGES, ITA LEGITO
UTI OPTIMO REGI PRECABERIS
EXERCITUM FORTEM, POPULUM
FIDELEM
IMPERIUM SECURUM
ET ANNOS DE NOSTRIS
B. B. F.

Les deux qui fuivent font fous les bas-reliefs qui regardent le College des Quatre-Nations , dont un reprefente la Bataille d'Arques gagnée par Henri quatriéme , & l'autre la victoire d'Yvry,

Pour la Bataille d'Arques.

GENIO GALLIARUM S. ET INVICTIS-
SIMO R.
QUI ARQUENSI PRAELIO MAGNAS
CONJURATORUM COPIAS PARVA
MANU FUDIT.

Pour la Victoire d'Yvry.

VICTORI TRIUMPHATORI FERETRIO
PERDUELLES AD EVARIACUM CAESI.
MALIS VICINIS INDIGNANTIBUS,
ET FAVENTIBUS
CLEMENTISS. IMPER.
HISPANO DUCI OPIMA RELIQUIT.

Son entrée triomphante dans Paris , eft marquée par cette Infcription , qui eft fur la face du côté de la Riviere.

N. M. REGIS.
RERUM HUMANARUN OPTIMI
QUI SINE CAEDE URBEM INGRESSUS
VINDICATA REBELLIONE
EXSTIN-

EXSTINCTIS FACTIONIBUS
GALLIAS OPTATA PACE COMPOSUIT.

LA prise d'Amiens sur les Espagnols.

AMBIANUM HISPANORUM FRAUDE
INTERCEPTA ERICI M. VIRTUTE
ASSERTA
LUDOVICUS XIII. M. P. F.
IISDEM AB HOSTIBUS SAEPIUS FRAUDE
AC SCELERE TENTATUS
SEMPER JUSTITIA ET FORTITUDINE
SUPERIOR FUIT.

La prise de Montmelian en Savoïe.

MONS
OMNIBUS ANTE SE DUCIBUS REGI-
BUSQUE FRUSTRA PETITUS,
ERRICI M. FELICITATE SUB IMPERI-
UM REDACTUS,
AD AETERNAM SECURITATEM AC
GLORIAM

GALLICI NOMINIS.

Les deux dernieres sont sous les bas-reliefs du côté de la Samaritaine.
Sur la grille de fer qui enferme tout cét
ouvrage est encore celle ci, qui fait con-
K 2

noître

noître qne ce monument a été élevé par
les foins de Loüis XIII. & que le Cardinal
de Richelieu l'a fait achever.

LUDOVICUS XIII. P. F. F.
IMPERII VIRTUTIS, ET FORTUNÆ
OBSEQUENTISS.
HÆRES I. L. D. D.
RICHELIUS C.
VIR SUPRA TITULOS ET CONSILIA
OMNIUM
RETRO PRINCIPUM OPUS ABSOLVEN-
DUM CENSUIT
NN. II. VV. DE BULLION ET BOU-
THILLIER,
S. A. P. DIGNITATI ET REGNO PA-
RES. ÆRE, INGENIO, CURA.
DIFFICILLIMIS TEMPORIBUS P. P.

LA SAMARITAINE.

A la feconde Arche du Pont-Neuf du côté du Louvre, on éleva fous le Regne de
Henri III. une petite maifon pour y mettre
une Pompe, qui fervoit à élever l'eau
de la Riviere pour la conduire au Louvre.
On y voïoit autrefois quelques machines
affez jolies, que le temps a détruites. Cette
eau alloit dans un Refervoir proche le
Cloître de faint Germain l'Auxerrois, où
l'on voit encore quelques Arcades du côté
de la

de la Riviere, qui ne font pas d'un méchant deffein ; mais toutes ces chofes ne font plus dans l'état où elle s ont été , non plus que l'Horloge qui ne fait plus le carillon qu'elle faifoit autrefois. La Statuë de Nôtre Seigneur & de la Samaritaine , que l'on voit à côté du baffin , ne font que des copies de celles qui y êtoient autrefois, qui êtoient de Germain Pillon.

Le Pont-Rouge eſt vis-à-vis le Louvre ; mais n'êtant que de bois il eſt à prefumer pour la beauté & pour la majefté du lieu qu'il ne reftera pas long-temps en cette maniere , & que l'on en bâtira un autre de pierre de taille , pour éviter les fâcheux inconveniens où il eſt expofé tous les Hyvers, d'être emporté par les glaces ; ce qui lui eſt arrivé plufieurs fois , & même l'année 1684. on le nomme ainfi , parce qn'il êtoit peint de rouge autrefois,

Fin du fecond Tome.

TABLE

DES CHOSES

contenuës dans le second Volume.

LE QUARTIER DE L'UNIVERSITE'.

Le

TABLE.

La

L'ISLE DU PALAIS.

Le

TABLE

Le

TABLE.

Fin de la Table du second Volume,

AD-

ADDITIONS

DAns l'Eglise de saint Jacques de la Boucherie proche le grand Châtelet, est le Tombeau de l'illustre JEAN FERNEL, dont on lit l'Epitaphe derriere le Chœur. Il étoit premier Medecin de Henri II. & sans doute un des plus Sçavans Hommes en Medecine, qui ait jamais paru en France; comme l'on le peut aisément juger par les merveilleuses choses qu'il fit sur les Personnes Roïales, & principalement sur Catherine de Medicis : où il fit voir ce que peut la force de l'Art sur la nature même, quand une fois un homme est assez habile pour le posseder comme il faut

DEO IMMORTALI OPT. MAX. ET CHRISTO JESU HOMINUM SALVATORI SA- CRUM.

JOanni *Fernelio Ambianensi* HENRICI II. *Galliarum Regis Consiliario & primo Medico nobilissimo atque optimo reconditarum & penitus abditarum*

re-

rerum scrutatori & explicatori subtilissi-
mo, multorum salutarium medicamento-
rum inventori, veræ germanæque Medici-
næ restitutori, summo ingenio exquisita-
que doctrina Mathematico, in omni gene-
re Philosophiæ claro, omnibus ingenuis
artibus instructo, temporatissimis sanc-
tissimisque moribusque prædito, socero suo
pientissimo PHILIBERTUS BARIO-
TIUS, *supplicum Libellorum in Regia*
Magister, magnique Regis Consilÿ Præ-
ses affinitate gener, pietate filius, mœrens
posuit. Anno à salute mortalibus restituta.
OBIIT XXVI. APRILIS.
ANNO MD. DLVIII.
VIXIT ANNOS LII.

ADDITIONS

MESSIRE LOUIS SERVIN, Avocat General au Parlement de Paris , eſt enterré à ſaint Barthelemi. Il s'étoit acquis par ſon merite extraordinaire, le reſpeſt & l'amitié de tous ceux qui le connoiſſoient ; & ſa reputation êtoit ſi grande dans toute l'Europe, que les plus illuſtres Sçavans de ſon temps ſe faiſoient une tres-grande gloire d'avoir commerce de Lettres avec lui, comme on le voit encore dans leurs Ouvrages, où il y en a quelques-unes de lui, qui font juger de ſon genie merveilleux. Sa fidelité inviolable pour le bon parti, lui acquit la confiance de Henri III. qui le choiſit pour la Charge d'Avocat General, aprés la démiſſion de Meſſire Jacques Faye Deſpeſſes, & qu'il exerça avec une integrité exemplaire, juſqu'en l'année 1626. qu'il mourut en haranguant Loüis XIII. tenant ſon Lit de Juſtice au Parlement. L'Univerſité à qui il avoit rendu de grands ſervices, lui fit une Pompe Funebre

aux

aux Mathurins , où son Eloge fut prononcé en Latin.

Voici deux Vers qui peuvent lui servir d'Epitaphe.

EST SATIS IN TITULO SER-
VINUS PROH? JACET IN-
GENS,
IN MUNDO SCIVIT SCIBILE
QUIDQUID ERAT.